把玩

吕佳 著

古人的日常生活

北京理工大学出版社
BEIJING INSTITUTE OF TECHNOLOGY PRESS

图书在版编目（CIP）数据

古人的日常生活. 把玩 / 吕佳著. -- 北京：北京理工大学出版社，2022.5
ISBN 978-7-5763-0944-7

Ⅰ. ①古… Ⅱ. ①吕… Ⅲ. ①社会生活－中国－古代－通俗读物②休闲娱乐－中国－古代－通俗读物 Ⅳ. ①D691.93-49②C913.3-092

中国版本图书馆CIP数据核字（2022）第027395号

出版发行 / 北京理工大学出版社有限责任公司
社　　址 / 北京市海淀区中关村南大街5号
邮　　编 / 100081
电　　话 /（010）68914775（总编室）
（010）82562903（教材售后服务热线）
（010）68944723（其他图书服务热线）
网　　址 / http: //www.bitpress.com.cn
经　　销 / 全国各地新华书店
印　　刷 / 三河市嘉科万达彩色印刷有限公司
开　　本 / 880毫米×1230毫米　1/32
印　　张 / 9
字　　数 / 194千字
版　　次 / 2022年5月第1版　2022年5月第1次印刷
定　　价 / 78.00元

责任编辑 / 梁铜华
文案编辑 / 杜　枝
责任校对 / 刘亚男
责任印制 / 施胜娟

序言

关于古代把玩艺术兴起的确切时间，我们没办法给出一个准确答案。早在原始社会，人们便通过钻孔、磨光技术制作小石珠和骨器项链。这些被古人精心雕琢的小物件虽多用于佩戴装饰，但其已经具备了把玩的特征，成为人们最初把玩的小物件。

人类最初制造的把玩件多被用来做装饰，除了骨器项链外，玉雕玉佩也是较早出现的装饰用把玩件。在这种装饰用途之外，这些把玩件也是一种身份的象征，毕竟在物质生产资料本就不丰富的当时，能在衣食之外，再去追求美的享受，这本就是有身份、有地位的人的特权。

随着时代的变迁，古人手中的把玩件越来越多，“万物皆可把玩”让把玩真正成为一种艺术，进而又逐渐发展成为一种特殊的文化。在这一过程中，古人把玩的趣味也发生了较大变化，崇文尚雅的文人墨客们纷纷成为文房清玩的拥趸，追求清静的雅士隐者们则对佛珠手串产生了浓厚兴趣。

每件传承至今的把玩件背后，都能牵扯出一长串的故事，它们是历史文化的载体，也是中华艺术的精粹。我国现代的把玩艺术虽然是由古及今一脉相传的，但在当下的社会风气下，这种艺术形式总是让人感觉缺少些古时候的文化韵味。

了解古人的把玩文化对于完善和丰富现代把玩艺术具有重要作用，同时也可以帮助现代把玩爱好者更好地感受把玩件中的文化气息。这是本书的写作目的，也是作者力求达到的写作目标。

为了让读者更为全面地了解中国传承千年的把玩艺术，我们对书稿的结构进行了精心设计，条理分明地叙述了各个把玩件的历史传承、文化特征和把玩要点。

在书稿的第一部分，我们主要介绍了古人的诸多把玩轶事，以及古代一些把玩件背后的文化特征。之所以说把玩是一种艺术、一种文化，就是因为在每个把玩件背后，都有与之相对应的中华传统文化，这是它们传承千年的基础，也是它们的根本价值所在。

在书稿的第二部分，从文房四宝开始，我们详细介绍了千年以来古人把玩过的诸多文玩物件，有大众认知度较高的文玩核桃，也有颇为小众的古香炉。通过对各类文玩物件的特征进行介绍，可以让读者对传承至今的把玩件有基本的认知。

书稿的第三部分主要是对把玩件盘玩技巧及方法的介绍，古人对文玩物件把玩技法的研究是颇为详尽的，从材料选择到工艺制作都秉承着极高要求。在盘玩把玩件时，古人的一些方法技巧虽然略显古旧，但那种用时间和精力去盘玩、去感知文玩物件的方法正是现代把玩艺术所缺少的内在精神。

在书稿的第四部分，我们挑选了一些古代的把玩名家，通过介绍他们与文玩物件之间的故事，为读者呈现各类文玩物件中所寄寓的文化内涵，这正是那些传承至今的精品文玩物件的生命力所在。

如果文玩会说话，那它们会自己讲述穿越千年的故事，但正因为它们不会说话，才需要我们通过把玩来认识它们、了解它们。

当然，并不是所有的把玩件身上都有千年的历史文化积淀，一块新雕的玉饰、一颗新摘的核桃、一串新编的珠串，这些把玩件并没有深厚的历史积淀。那它们的价值在哪里呢？它们的价值在于把玩爱好者对其倾注的热情，以及在其身上付出的精力与时间，是把玩者的热爱为它们赋予了价值。在数十年后，当这些把玩件传承到我们的后代手中时，它们也就拥有了历史文化价值。

目录

壹 千年“把玩”艺术

贰 那些把玩千年的器物

目录

叁 盘之有道，方为把玩

肆 文玩与雅士

壹 千年『把玩』艺术

第一节『把玩』的乐趣

古人钟爱把玩艺术，并从中不断获得独特的乐趣。从最初对美的追求，以及身份的象征，到此后的崇文尚雅、修身养性之风，在不断发掘把玩艺术乐趣的同时，古人也在推动这种艺术不断向下传承。直到今天，人们依然能在『把玩』中获得独特的乐趣。

对美的追求：骨器项链

把玩艺术之所以有今日之繁荣，离不开古人一点一滴的探索和总结，他们利用从日常生活中获得的经验和知识，不断丰富着把玩艺术的内涵。

从最初的骨器装饰物，到书室中的文房清玩，再到自然界中的花鸟鱼虫，传到我们这里，把玩艺术已经真正发展成为“万物皆可把玩”的一项娱乐活动。

小石斧

新石器时期　高5.4厘米。

石纺轮

青铜时代　直径2.3厘米。

古代没有网络，更没有手机、电脑等电子产品，无论是帝王将相、商贾名流，还是文人学子、乡野村夫，多数都喜爱把玩艺术。这种论断可能并不贴切，因为在人类历史的最初阶段，原始人类在把玩器物时，还并未将其作为一种艺术活动，而仅仅是为了追求视觉上的美感。

古人把玩器物的历史非常悠久，这些把玩器物有的取法自然完全未经雕琢，有的独具匠心是人类智慧的结晶。如 4 页图中所示的小石斧和石纺轮。

在旧石器时代，原始人类已经可以制造各种石器、骨器，这些工具主要用来满足他们生产生活的必需之用，比如用石器砍伐树木、用骨器击打野兽。到了旧石器时代晚期，原始人类掌握了磨光和钻孔技术，这为他们精细化加工石器、骨器提供了条件。

新石器时代初期，原始人类已经可以用磨光技术将质地较好的石块打造成光滑的小石珠，同时也会使用钻孔技术将动物的骨、角或牙穿成饰品。这两类物品并不是他们生产生活的必需品，但为他们的生活带来了诸多乐趣。

那些被精心打磨的光滑小石珠和被藤条串联的钻孔兽骨成了原始人类手中的最初把玩之物。在原始人类眼中，这两类器物并不实用，却足够美观，攥在手中或挂在脖子上，会让自己比其他人更加光彩照人。这种对美的追求促成了把玩艺术的出现，同时也成为器物把玩的一大乐趣。

在三万多年前的山顶洞人遗址中便出现了大量的骨器饰物。大量动物牙齿化石的根部都可以发现双面对挖的孔洞，孔眼部位因为长期摩擦，已经变得光滑且发生形变，一些兽牙表面也有被摩擦光滑的痕迹。

透过这些骨器饰物，我们仿佛可以洞见当时原始人类生活的场景：外出打猎归来的男士带回了一些样式的兽骨，经过打磨钻孔后，这些兽骨变成了一个个小巧精致的带孔骨器。在某个月色皎洁的夜晚，他们将这些精心打磨的带孔骨器串联成项链，送给自己心爱的女士。

在当时的社会环境中，这种骨器项链可以说是最为豪华的饰品，是那些爱美人士爱不释手的潮流玩物。除了这种骨器项链外，古人还制造出了骨器戒指、骨器手镯、骨器发饰、骨器耳饰等装饰把玩物件，这些物件不仅在当时具有极高的艺术装饰价值，就是到了几万年后的今天，也依然具有极高的收藏和把玩价值。

在原始社会时期，原始人类对这些骨器饰物的把玩更多是一种无意识把玩，他们更多是出于装饰美观的需求去制作、收藏这些装饰物件，而没有更多从主观角度去把玩这些物件。

在现代，一些文玩爱好者会专门制作、收藏骨器饰物，他们通常会去主动养护、盘玩这些物件，不仅要盘玩出包浆，更要达到“揉骨为玉”的效果。可以看出，现代人对骨器饰物的盘玩之道正是继承了古人追求美的把玩传统。

对美的追求是古人把玩器物的一大乐趣，在判断一样器物是否值得把玩时，器物的美观程度是古人要优先考虑的因素。在满足了自身对美的追求需求后，古人才开始进一步寻找其他方面的把玩器物。

身份象征：玉雕玉器

在原始社会，如果说哪种把玩物件在美观程度上可以超过骨器饰物，那玉雕自然是当仁不让地排在第一位了。

早在七八千年前，我国古人就已经开始佩戴和把玩玉器了，在兴隆洼文化遗址中出土的玉玦，是这一时期较为常见的把玩玉器。良渚文化时期人们掌握了最初开解玉料、切磋成坯、设计打样、琢纹刻符等技术，在长江下游地区出现过管、珠、璜等小件玉串。

古人喜爱把玩玉器，有追求美、欣赏美的原因，也有规范自

红山文化晚期

鸟形玉佩。服饰配饰，4.7 厘米 ×4.7 厘米 ×1.5 厘米。

红山文化晚期

鸟形玉佩。服饰配饰，宽 7.4 厘米。

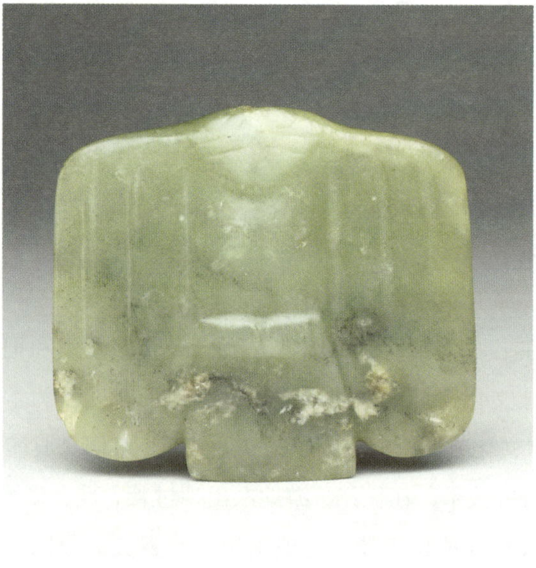

新石器时期红山文化玉器

红山文化主要分布在辽河流域、燕山南北的广大地区，是一个庞大的部落集团体系，在石器时代它是我国北方原始文化的象征。1935 年首次在内蒙古自治区赤峰市郊区红山附近发现这种原始文化遗址，因而得名。因历史悠久，素有『中华文明的曙光』之称。红山文化玉器代表着我国北方玉，收藏品的灵魂都是时代特征的升华，因此红山玉器具有很高的收藏价值，有不少藏友收藏这一时期的玉器。

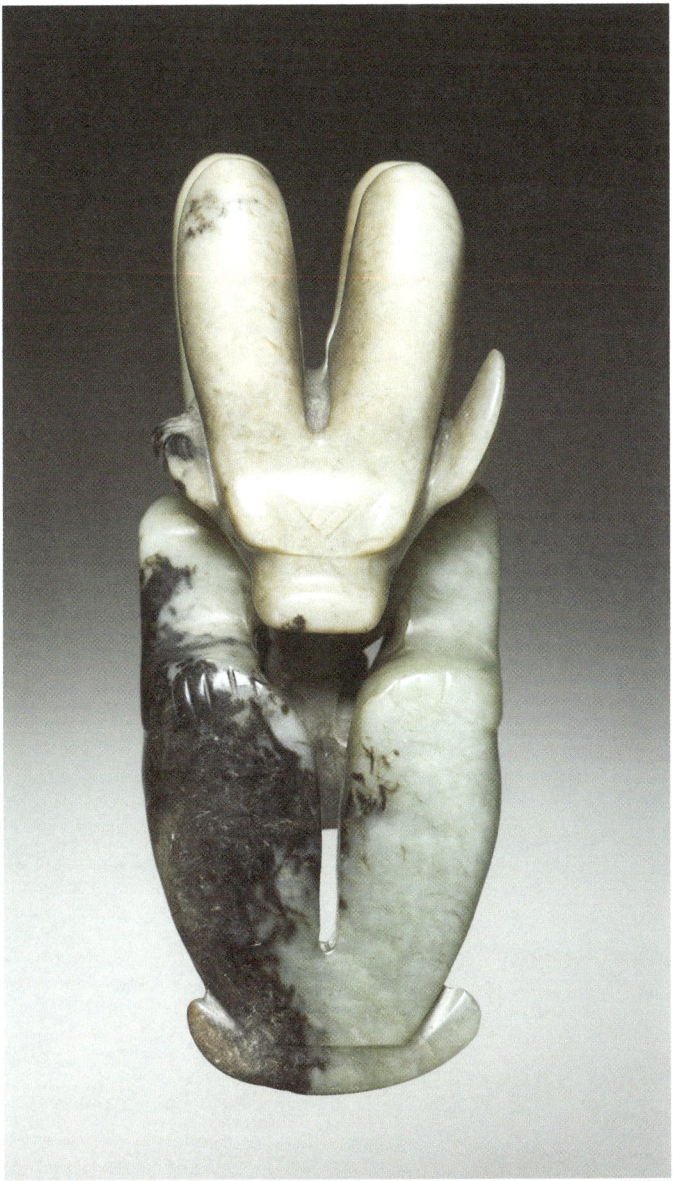

红山文化牛首玉人

服饰配饰，高 13.2 厘米。

西汉早中期　玉舞人佩

它是当时重要的佩饰器，舞人舞姿娇媚，身着长袖衣，一袖高举过头，另一袖顺势下垂摆动，长裙及地，细腰卷纹，器形柔美。

清朝时期的玉器

清朝时期的玉器是我国古代玉器史上的另一个高峰时期，样式多，种类全，其多为佩饰，品相精美。借鉴美术之美，集各类传统工艺于一体，形成了独特的玉器工艺，蕴含着具有时代特征的艺术造诣，收藏价值颇高。11~14页的图为这一时期不同的玉饰呈现。

清　珊瑚子孙万代镯

全高1.175厘米。镯面做工精巧，刻工细腻，雕饰回纹打底，阳刻葫芦锦藤，寓意子孙绵延，福禄万代。

清　玉雕女仙祥禽

美国大都会艺术博物馆藏。高9.5厘米。玉雕中的人物刻画得精准逼真，祥禽塑造得栩栩如生，整体做工精细自然。

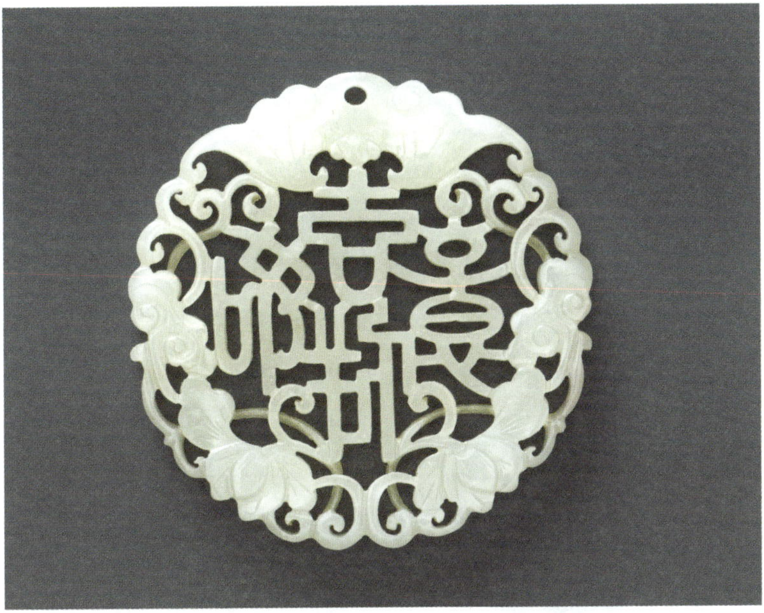

清中期　玉『吉祥如意』纹饰件

直径5.4厘米。中间吉祥如意字样，其旁植物纹样雕花圆形框。吉祥寓意。该器构思巧妙，制玉工艺高超，质白细腻，温润柔和。

清中期　玉团寿纹佩

美国大都会艺术博物馆藏。玉质细腻，工艺精湛，形态优美，寓意吉祥的身体配饰。

身言行、塑造自身品格的考量，但更多的还是将其作为身份权力的象征。

我国自古便有“君子比德于玉”的说法，《礼记》中也有“君子无故，玉不离身”的内容，前者说的是君子应该要有美玉一样的品德，而后者则是在说随身佩玉是一种身份权力的象征。

《礼记·玉藻》中提到，帝王佩玉要选用玄色素色丝串联的白玉，公侯佩玉要选用红色丝绳串联的山玄玉，大夫佩玉要选用素色丝串联的水苍玉，士人佩玉则要选用赤黄丝绳串联的孺玟玉。如此一来，通过身上的佩玉便可区别他人的身份地位。

所谓“君子佩玉”，讲的是君子要时刻注意自己的身份，说话办事都要注重举止仪态，此时的佩玉是用来约束君子行为的一种装饰。君子在正常行走之时，佩玉相撞会发出悦耳的叮咚声，如果君子行走的步伐时急时缓、杂乱无章，那佩玉相撞就会叮当乱响，此即是君子失了仪态。

除了充作配饰外，我国古代的许多玉器还会以玉雕的形式出现，这些玉雕多经过工匠的精心设计、反复琢磨，依据玉料的先天颜色及形状，因势利导地雕琢而成，具有极高的艺术收藏价值。除了大件的人物器具、花鸟虫鱼玉雕，还有戒指、印章、饰物等小件玉雕。

如果说古人佩玉是为了凸显身份，那古人收藏玉雕就更多是为了把玩赏鉴了。商代的龙纹玉饰、西周时期的人形玉璜、春秋时期的龙形玦、战国时期的龙纹玉璧、汉代的八刀玉蝉、唐代的鸟形玉佩、宋代的云龙纹玉饰、元代的玉卧马、明代的菊花纹玉带扣、清代的白玉双螭耳洗，这些都是各个朝代的杰出玉雕工艺品。

在古代，把玩玉器不同于把玩骨器、石器，至少在门槛上，一般人是玩不起玉器的，这也印证了把玩玉器是一种身份的象征这一说法的正确性。古代的玉雕工艺品，尤其是那些用料讲究、造型精美的玉雕工艺品，其把玩和收藏的价值是非常高的。

那些出身帝王之家或高官显贵之家的少男少女们，先天就获得了把玩玉器的资格和条件，他们不仅在生时要“玉不离身，时常把玩”，就是死后也要将这些玉器带入棺木之中。在那些把玩玉器的古人眼中，玉具有通天的灵气，用手触摸把玩玉器，就能和天地之灵对话，他们希望借此向神灵诉说自己的心愿，希望能够得到神灵的庇佑。

可以说，在某种程度上，这也是把玩艺术的一大乐趣所在。

崇文尚雅：文房清玩

在聚会这件事上，古代人和现代人对热闹的理解显然是不同的。古代人多喜欢以文会友，追求聚会时的文雅氛围，虽有娱乐，但也多立足于文雅层面之上。现代人似乎更喜欢以酒会友，追求聚会时的酣畅淋漓，尽情娱乐而从不考虑文雅之事。

古人这种崇文尚雅的风尚与现代人肆意潇洒的作风在把玩艺术上形成了强烈反差，绝大多数古人都将文房清玩视为把玩器物，而少有现代人会着意去把玩这些东西。

南宋　官窑　青瓷笔掭

其器呈长椭形，整体现裂纹造型，釉色不均，有青黄、月白等色；部分器身伴有浅青色流釉痕，边缘隆起位置泛黑，附木座。笔掭是文房当中毛笔的辅助用具。

南宋　龟边荷叶洗

此器底为青白玉，因历史悠久，玉质略泛黄，带有浅褐沁和墨绿色杂质。其造型生动有趣，由一大一小荷叶组成，大叶为洗，小叶为柄，各有一只乌龟伏于其荷叶中心，两龟相望，颇有神韵。底附紫檀木座，木座亦雕有荷叶莲花造型。

明 万历款 五彩瓷笔架

此为瓷制笔架，品相上乘，色泽鲜艳，带不规则孔，呈五峰形，各绘一龙，峰头即龙头，龙身延至下方，附木座。

清　乾隆　鹿角笔山

以天然麋鹿角为材质，将其底部平削，使其横立案上。其上端保持鹿角原型，峰峦起伏，可为笔山，底附金字木座。

古代的“文房”既可以理解为古人的书斋、书房，也可以理解为古人书写、绘画所用的文具。南宋赵希鹄在《洞天清禄集》中将文房用具划分为十类，即古琴、古砚、古钟鼎彝器、怪石、砚屏、笔格、水滴、古翰墨笔迹、古今纸花印色、古画。但实际上，当时所流行的文房器物不止这些。

在隋代之前，古人对文房清玩的收藏和把玩兴趣并不浓厚，也可以说在当时的社会条件下，并没有形成广泛的文房清玩把玩风气。但自隋唐开始，文房清玩在品类上出现较大增长，可供把玩的文房用具也已跳脱出“笔、墨、纸、砚”的局限。杜甫在诗句“笔架沾窗雨，书签映隙曛”中提到的笔架和书签就是当时较为流行的文房用具。

宋代文房清玩的品类在隋唐基础上得到进一步增加，文房清玩的选材用料也更为讲究，这些变化不仅拓展了文房清玩的边界，也在一定程度上提升了它们的把玩和收藏价值。

明朝时期，把玩文房清玩正式成为一种社会风尚，文人雅士对其趋之若鹜就算

清　乾隆　留青竹刻山水图臂搁

高1.3厘米。多为竹制，颇为少见，是文房『奢侈品』。古代人写字的顺序自右而左，自上而下，若使用臂搁，则可防止衣袖沾染墨迹。

了，帝王一族也对文房清玩产生了浓厚兴趣。朱元璋第十子鲁王朱檀的墓葬中便出土了许多文房清玩，如水晶鹿镇纸、玉荷叶笔洗和碧玉笔格等。

明代文人雅士对文房清玩的记录颇为详尽，无论是文震亨的《长物志》，还是高濂的《尊生八笺》都用较大篇幅介绍了文房清玩的形制样貌和制作工艺。明末文学家屠隆在《考槃余事》中更是列举了除“笔、墨、纸、砚”外的45种文房清玩，记述数量之多、内容之全，无人能出其右。

经过此前几代人的积累与开拓，把玩文房清玩之风在清朝正式进入鼎盛时期。在这一时期，文房清玩的实用价值开始逐渐降低，与之相对的是其观赏和把玩价值显著提高。

作为大清帝国最著名的收藏家，乾隆皇帝命人特制了一款御用“旅行箱”，专门盛放自己收藏的文房清玩。这款用紫檀木制作的“旅行箱”内有乾坤，大大小小的抽屉、暗格罗列其中，整个箱子可以盛装65件文房清玩，白玉洗、玉臂搁、描金云龙纹笔皆是其中珍品。

相比于其他把玩物件，文房清玩所蕴含的文化价值更高，它们是中华文化传承的重要载体和工具，透过把玩这些文房清玩，古人的精神与文化风貌便会显著提升。当然，这是那些崇文尚雅的把玩者们自认为的事情，至于是否能够提升自己的文化修养，也只有把玩者自己才知道。

修身养性：佛珠手串

在把玩佛珠时，需要心念合一，手指虽然在不断运动，但内心一定要静下来，这样才能让把玩的效果达到最大。

与把玩文房清玩不同，把玩佛珠手串的乐趣并不在文雅，而在清静。通过把玩手中的佛珠手串，把玩者的身心将会得到净化，精神境界会得到显著提升。

在很长一段时间里，古人主要将珠串作为一种佩饰。早在一万多年前的旧石器时代，山顶洞人便懂得将贝壳、兽牙、小石珠等

香木佛珠

佛珠所用材料在各类佛教经典中均有记载，分别为：《陀罗尼集经》中是金、银、赤铜、水晶、木槵子、菩提子、莲花子七种；《守护国界主陀罗尼经》记载为菩提子、金刚子、真珠、莲花子、金银诸宝等合成；《诸佛境界摄真实经》中为香木、石、铜、铁、水晶、真珠、莲花子、金刚子，间错种种诸宝、菩提子等；《般若经》为金、银、琉璃、砗磲、玛瑙、琥珀、珊瑚；藏传佛教中以『金、银、琉璃、砗磲、玛瑙、蜜蜡、松石』七种材料称为『七宝』。

串联起来，作为一种佩饰。如果不做严格区分，原始人类所佩戴的骨器项链也可以算作珠串的一种。

佛珠手串的兴盛开始于隋唐时期，随着佛教的流行，佛珠开始走出寺院，走入寻常百姓家中。在这一时期，外来的佛珠与中国本土的珠串并未融合在一起，但珠串文化已经开始受到佛教佛珠的影响。

清朝的朝珠便是一种深受佛教佛珠影响的珠串佩饰，在朝珠之外，清朝宫廷中的一些其他手串也都深受佛珠影响。这一时期的宫廷手串除了可以挽戴在手腕上，还可以在闲暇时随意把玩，一些珠串上还有专门的挂

清砗磲朝珠

总长约38厘米，共计九十四粒，除砗磲外还配有三粒珊瑚佛头、一粒银佛头、八粒珊瑚珠、七粒松石豆及一块松石等材质。

清　绿松石朝珠

由佛头、背云、记捻和珠身四部分组成，在佩戴时，珠身和记捻佩于胸前，佛头和背云则置在身后。古时皇帝在月坛祭月时佩挂绿松石朝珠。

清　枷楠木汉玉坠饰手串

手串材质为褐色枷楠木，由枷楠子与玉佛头组成，并垂挂有玉马及玉笄等装饰。

清　水晶手串

该手串由水晶、宝石佛头、佛头塔及粉碧玉珠等组成，样式精美，自十八世纪中期后，多为祈福装饰之用。

扣，用以将珠串悬挂在衣服上。

在清朝时，朝珠和宫廷手串具有明显的身份表征，可以彰显出皇室贵胄的华贵气质。帝王会根据不同场合选择不同的朝珠，官员也需要依据官阶的不同选择对应的朝珠，在这方面，朝珠要比宫廷手串更为讲究一些。

但到了民国时期，朝珠和宫廷手串开始走出宫廷，成为社会文玩人士追捧的收藏物件。这一时期的珠串装饰功能有所下降，把玩和鉴赏功能显著提升。在文玩爱好者眼中，他们手中把玩的珠串除了具有装饰价值之外，还是历史文化传承的载体，这之中的宝贵历史经验和财富是不可计数的。

把玩珠串是一种生活态度，也是一个修身养性的过程。想要得到一串完美的珠串，把玩者首先要静下心去挑珠子、串珠子，然后才是耐着性子去把玩、盘弄珠子。这个过程急不得，也急不了，其与当前时代的快节奏生活是相背离的，正是在这种背离中，伴随着珠子在手中滚动，把玩者紧张的神经才能得到放松。长时间下来，内心自然也会因之而通透不少。

第二节　文玩与文化

不同的把玩器物，有不同的『玩法』，在这些『玩法』背后，蕴含的是更为深层的传统文化旨趣。菩提串珠背后的佛教文化，文房雅玩背后的书房文化，想要『玩』好这些把玩物，就要先将其背后的传统文化了解清楚才行。

菩提串珠与佛教文化

“菩提本无树，明镜亦非台。本来无一物，何处惹尘埃。”

菩提树是不存在的，明镜台也是不存在的，世上万物也是不存在的。我们的内心本来就空无一物，又怎会招惹到尘埃呢？这句发人深省的偈语揭示了佛家无欲无求的思想，也让菩提和佛教之间的关联更为紧密。

菩提，是梵语音译过来的，常被看作觉悟、智慧和能量的化身。菩提子的果实圆圆的，白白的，质地坚硬，常被用来穿制成数珠

清 菩提念珠

共计一百零八粒菩提念珠，此外由珊瑚佛头、银圈托、镀金记捻及镀银记捻组成。

清　十八世纪　象牙嵌金梵文念珠

法器或文玩手串。佛教中更是认为菩提具有驱邪避煞的作用，长期佩戴可以助人增长智慧、摒弃烦恼。

但实际上，用于制作菩提串珠的菩提子并非是菩提树的果实，而是生长在热带、亚热带雪山上的一种一年生植物。它春季长苗，夏秋结果，开红白两色花，茎高约一米。在我国东部、南部以及西南地区都有栽培。

菩提与佛教文化结缘开始于释迦牟尼悟道之时。相传佛陀释迦牟尼曾在菩提树下静坐七天七夜，在最后一刻悟出佛道修成正

清代 佛珠

木，珊瑚，金刚。美国鲁宾艺术博物馆藏。

现代 佛珠

星月菩提子，小十八粒，大一百零八粒。

现代 佛珠

星月菩提，三十六粒。

现代　星月菩提手串
云树阁藏品。

果。《大唐西域记》中有载："菩提树者，即毕钵罗之树也，昔佛在世，高数百尺，屡经残念，犹高四五丈，佛坐其下，成等正觉，因而谓之菩提树焉。"

释迦牟尼出身印度王族，生活优越的他对世间富贵繁华没有丝毫留恋，他常年出门游历，体会民间万象疾苦。十九岁那年，他彻底放下贵族身份，离开王宫，开始了六年的苦行僧生活。一日，饥饿难耐的他用尽全身最后的力量走到一棵树下，决定摒弃杂念，开始悟道以忘却一切烦恼，在经过一番痛苦煎熬后，得以成功悟道。

从此，菩提便成了可以助人悟道、摒弃烦恼的神物，受到人们疯狂的追捧和关注。在这一基础上，菩提串珠逐渐发展成为佛教信徒最熟悉也最喜爱的一种佛家器物。而作为一种具有悠久历史文化的把玩器物，在一阵阵文玩收藏热潮中，其也成为文玩爱好者追捧和赏玩的对象。

在佛教的文化语境中，圆形的菩提串珠代表着圆满，也意味着完美无缺。佛教认为每个人都拥有圆满的智慧，但因为自身的许多无谓烦恼，让这些圆满智慧被遮盖，无法显现出来。佛教徒正是通过手持串珠、诵经礼佛的方式来消除这些烦恼，让自己变得更为完满。

对于佛教徒来说，菩提串珠是一种辅助修心的工具，而对那些文玩爱好者来说，它也是一种盘玩静心的物件。菩提串珠中所隐含的各类佛教文化，让其在鉴赏、把玩价值之外，更多了许多文化及艺术价值。

玉雕与玉文化

"玉不琢，不成器。"没有经过悉心雕琢的玉料，是没办法成为有用器物的。那些真正算得上文玩的玉器，大多都经过精心雕琢和设计，它们身上所呈现出来的艺术美感，是雕琢技艺的最佳表现。

除了艺术的美感外，玉器文玩身上还蕴含着深厚的文化价值，这种传承千年的玉文化深深影响了几代中国人的思想文化观念。现如今，玉文化已经成为我国传统文化中不可或缺的一部分。

在中国古人眼中，玉是天地灵气的结晶，将其作为装饰物来装点门庭，或做成挂件佩戴在身上，是一种身份的象征。在佩戴之外，古人还颇爱把玩玉饰，在这种把玩之中，古人所关注的并

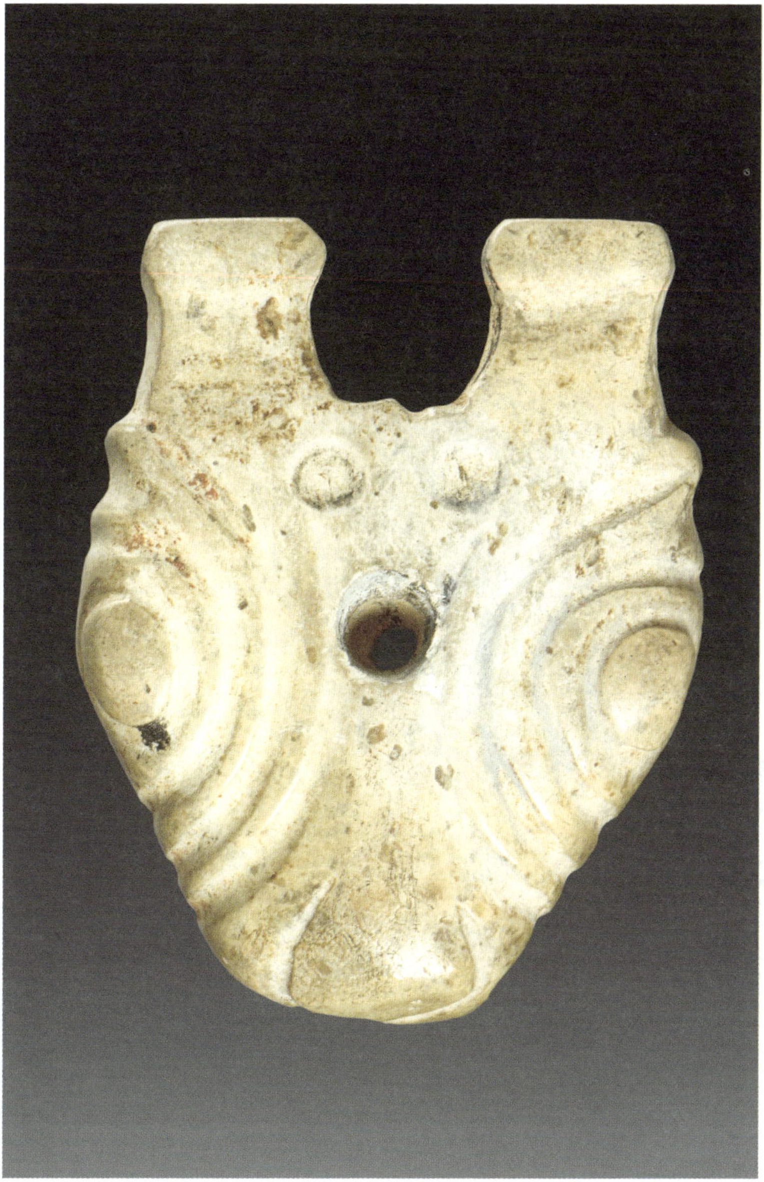

商朝－西周　玉覆面

总尺寸：1.9厘米。

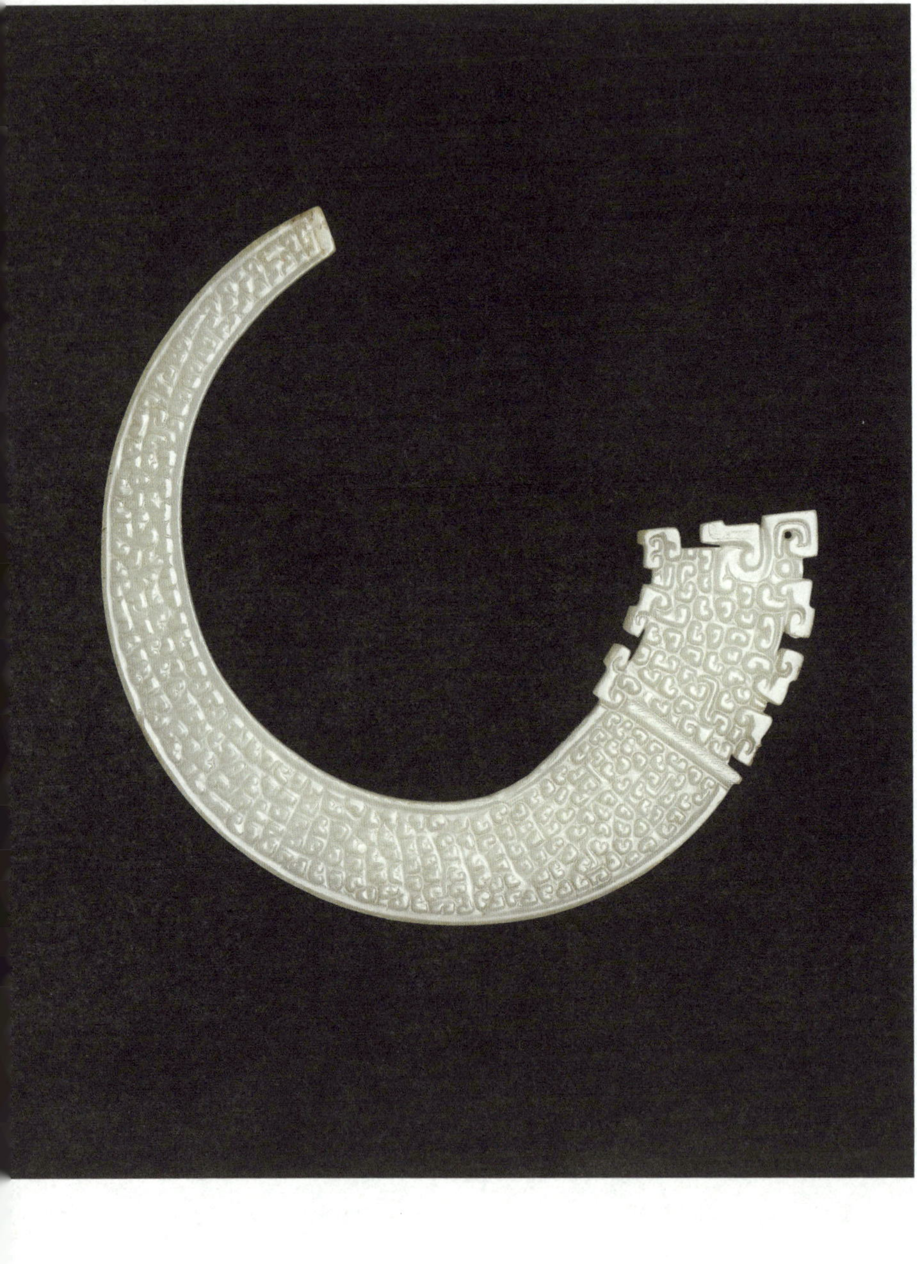

东周玉器

10.6厘米 ×3.4厘米 ×4.0厘米。

东汉 玉辟邪

玉兽配有双层的紫檀木制的底座，『乾隆御玩』刻于上层，御制诗刻于下层，且嵌有银丝。

不仅是玉的物质价值，而更多是其中所蕴含的文化价值。

除了前面提到的“君子比德于玉”的文化价值外，玉雕作品所表达的内涵与寓意，更是我国玉文化的一种重要表现。

形神兼备的玉雕自然是上乘之品，这里的“形”指的是玉雕作品的形貌特征，而“神”则是指玉雕作品中所蕴含的民族文化内涵。有形无神的作品虽然品相可观，但并不值得收藏把玩；有神无形的作品虽然富有内涵，但品相不足的劣势也会让收藏者缺少把玩的兴趣。

古代最初的玉雕作品多是有形而神不足的，这与当时的社会环境背景有关。进入封建社会，经历了几代盛世之后，古代的玉雕作品开始变得越来越有“神”。尤其在宋代时，文人雅士们整合了各种文化流派的思想，并将之全部灌注到玉雕作品之中，让玉雕作品变得更加完美。

宋代的童子玉饰不仅外在造型丰富多样，内容含义也颇为精深，有的童子手持一鸟，有的童子跨坐树枝，有的童子手持短鞭，整体形象细腻生动，形神兼备。这些玉雕作品背后所体现的，是宋代繁荣的市民文化，在把玩鉴赏这些玉雕作品时，我们可以感受当时喧闹的市民活动场景。

什么样的社会环境下，孩童的活动可以如此生动、多样？这样的宋朝还像史书中所记述的那样“积贫积弱”吗？这些有关历史文化的遐想，正是玉雕作品背后传承千年的历史文化价值，也是把玩玉雕作品的乐趣所在。

玉文化是中华文化的一个重要组成部分，它的诞生发展历史要远超过五千年的中华文明史。在不断演化发展的过程中，玉文

南宋　玉童子

总高5.9厘米，以孩童作为造型，整体颇具动态感，其双手捧花枝，笑容怡人。

清　翠玉白菜

高18.7厘米，全器由翠玉所雕刻，完美结合了自然之美和人工之美，利用了玉的原色，精制加工后而形成了白菜形状的玉器，神似实物，欣赏和收藏价值颇高，是故宫所藏玉器中最受人瞩目的。

化吸收了传统文化的内容，扩展了自身的内涵，而作为玉文化载体的玉雕艺术品则真实记录了这些内容，并将其传承至今。

古人对玉雕作品的把玩和赏鉴，所关注的也正是其中的审美价值与文化价值。

元　莲塘双凫图玉饰

直径约6.8厘米。正面纹饰形状为圆，两只鹅雁于玉饰之中，一只俯首理顺羽翼，另一只则紧随其后，仰头张开翅膀，其后有一朵盛开的莲花作为映衬，玉饰整体纹理清晰。

文房雅玩与书房文化

古代人对书房文化是颇为重视的，尤其是文人雅士们，宁可缩减自己的吃穿用度，也要细究书房的装饰设计。在其他人眼中，书房可能只是堆放书画典籍、文房用具的文化空间，但在文人雅士眼中，这里是他们独有的精神文化空间，在这里，他们可以“调素琴，阅金经”，充实自己的精神文化生活，钻研和传承传统文化。

书房是文人雅士的精神家园，这里并不需要太大，也不需要太豪华，但一定要远离喧嚣、清幽宁静，“无丝竹之乱耳，无案牍之劳形”。在这样的环境中，文人雅士们才能打造出自己独具特色的书房文化。

玉雕作品是玉文化的载体，那什么是书房文化的载体呢？书房的设计和环境可以承载书房的文化内涵，书房的家具和布局也可以体现书房的精神气质，但如果非要选出一组具有代表性的书房器物，那文房雅玩可以说是最为合适的书房文化载体了。

古人虽然不追求书房的宽敞与奢华，但对书房装饰颇为在意，桌、椅、橱、凳是每间书房都必不可少的家具，笔、墨、纸、砚也是每张书案都不可或缺的工具，在这些之外，文人雅士们还会根据自己的喜好，添置不同的文房雅玩。

个人喜好不同，在选择书房装饰时也会有所不同。喜欢字画的人，会在书房挂满字画匾额；喜欢清修的人，会在书房摆上香炉一鼎；喜欢绿植的人，则会在书房放置几株盆栽。

明代文人在布置书房时，对文房雅玩的选择是颇为讲究的。他们更注意文房雅玩与装饰家具的搭配，更注意和平宁静书房氛围的营造，这之中所反映的，正是明代文人所追求的与世无争、安逸祥和的生活状态。

不同的时代有不同的文化特征，文人雅士正是时代文化特征的最好抒写者，透过文人雅士书房中的文房雅玩，我们可以清楚地了解到不同时代文人笔下的历史和文化。

几千年来，古人设计书房时的审美观念几经更迭，书房的布局、雅玩的选择、整体的氛围都在不断变化，但他们通过书房来传承和弘扬传统历史文化的思想没有改变，在不断变化书房形制的同

清　佚名　胤禛行乐图册·书斋写经

长30.5厘米，高37.5厘米。本图描绘的是胤禛（雍正）着文士服饰，在书房中展纸执笔写经的场景。图中书房内设书案，案上置文房四宝，两旁分列小松盆景和装饰宝镜，墙上悬挂巨幅山水，是典型的明末清初文人书房的格局。

清　佚名　载湉读书像

时，他们也在丰富着传统的书房文化。

古人对文房雅玩的鉴赏和把玩正是传统书房文化的一部分，它们早已共同融入中国的传统历史文化之中。

明　画家杜堇绘《玩古图》（局部）

绢本设色画。现藏于中国台北『故宫博物院』。126.1厘米×187厘米。50和51页的图描绘的是屋主在庭院内招待客人鉴赏文玩宝物的情景。主人和客人之间的桌上放满了铜钟、铜鼎、铜壶以及青瓷烛台、香炉、碗、洗等器物。由此可以看出是时把玩物件已是多种多样，琳琅满目。画作中除了描绘鉴赏古器的场景外，也重点描写了文人雅客的游艺活动。

紫砂壶与茶文化

小小的紫砂壶之中，蕴含着千年的中华饮茶文化，把玩紫砂壶的过程，就是体验千年饮茶文化的过程。不同于其他把玩物件，紫砂壶并不需要攥在手中盘玩，它的价值会在一次次茶水的冲泡中得到升华。

中国的饮茶风尚兴盛于隋唐时期，不同朝代的饮茶方式决定了饮茶器具的差异。唐宋以前，饮茶器具主要以陶瓷器和金属器为主；唐宋时期的一些达官显贵会使用金、银、铜器来饮茶；直到明代中期，紫砂壶才被广泛用于茶饮之中，成为一种重要的饮茶器具。

“无铜锡之败味，无金银之奢靡，而善蕴茗香，适于实用。”

这是古人对紫砂壶特点的描述，紫砂壶的这一优势至今也没有其他茶具可以代替。

茶文化是中国传统文化的重要组成部分，其发展和演变深受传统文化中哲学思想和美学思想的影响。在儒释道三家的推动下，茶文化开始被越来越多的文人雅士所接受和追捧，除了热衷饮茶外，文人雅士们还积极参与到饮茶器具的设计之中，参与创作紫砂壶的热潮也由此形成。

文人雅士参与创作的紫砂壶，在形制和装饰上是颇为独特的，他们有的亲自设计外形，有的则在匠人图纸的基础上删删改改，有的会将自己的书法题刻在壶上，有的会将诗画印制在壶上。这些独具特色的设计增添了紫砂壶的艺术鉴赏价值，同时也丰富了茶文化的内涵，让茶文化多了一些文学意味。

对于文人雅士来说，传统的茶饮礼仪是烦琐的，紫砂壶出现后，文人雅士们一壶在手，自泡自饮，省去了诸多烦琐礼仪，让饮茶变得简单而朴实。在这一过程中，文人雅士们可以用更多时间透过把玩紫砂壶，去体会饮茶的乐趣、文化的韵味，以及生命的气息。

在小小的紫砂壶内，蕴含着大自然的鲜活力量，将其把玩在手，就好像触碰到了自然，那正是文人雅士追求的意境。在小小的紫砂壶外，展现着传统文化的精粹，个人化的艺术装饰背后隐藏着整个时代的审美与文化旨趣。

紫砂壶的设计艺术并非茶文化的全部，但作为茶文化的重要组成部分，在把玩过程中细细品味其中的意境与韵味，是每个紫砂壶爱好者的必修课程。

贰 那些把玩千年的器物

第一节　从文房四宝说起

不了解把玩艺术的人，很少会将文房四宝列入把玩器物之中，但对于古代的读书人来说，没有什么东西比把玩文房四宝更有乐趣了。在文房四宝之外，镇纸、水盂等书房中的其他雅玩，也是读书人闲来把玩的重要器物。正是在这些把玩物的陪伴下，古代读书人才熬过了一个又一个暑夏与寒冬。

笔

毛笔作为最具中国特色的书写工具，在古代中国人的文化生活中扮演着十分重要的角色。中国人最早使用毛笔的时间可追溯到商周时期，考古学者在已出土的彩陶文物的纹饰中发现了有毛笔描绘的痕迹，进而推断出了毛笔的存在。后来，在左家公山战国晚期墓里，考古人员又发现了一支实物毛笔，这是我国至今为止出土的最早的毛笔。

在春秋战国时期，中国人对毛笔还没有统一的叫法，楚国称笔为“幸”，吴国称笔为“不聿”，燕国称笔为“弗”，等等。

秦始皇实现大一统后实行“书同文、车同轨”，“笔”这一称谓也是这时被统一的。

传说秦朝大将蒙恬曾奉秦始皇之命率三十万大军北击匈奴，拓展疆土，因常年在外作战，需定期向秦始皇书写竹简汇报工作。为了书写方便，蒙恬对毛笔做了改良。他将竹管一端削成一个小窝，用麻丝将兔子尾巴上的毛梳扎在一起放进笔窝里，在小窝和毛外侧涂好髹漆固定，再把制好的兔毛笔头放入石坑水中涮去油脂。

这样改良后的毛笔可以更加快速顺畅地书写，为蒙恬节省了很多宝贵的时间。这次毛笔的改良为现代毛笔的形成奠定了基础，给后世造成了深远的影响。因为影响巨大，后人也把蒙恬改良后的毛笔称为秦笔。

到汉代时，写字方式的改变也影响了毛笔的发展。汉代人日常写字使用的桌子比较矮，人们写字时需跪在席子上，以手肘悬空的方式执笔书写，长时间保持这个坐姿会让人感到疲倦。为了改善书写条件，汉代人首先想到的不是将桌子腿调高，而是选择改良毛笔，他们缩短了一部分毛笔的笔管长度。

可为什么只是一部分毛笔的长度被缩短了呢？因为在此一时期，毛笔已逐渐将其文玩功能从实用功能中分离出来。另一部分毛笔保留了长长的笔管，人们在笔管上面刻上姓名，装饰上黄金珍珠玉石翡翠等，并将笔尾削尖做成饰品簪戴在头上，作为文玩供人观赏。

清代唐秉钧在《文房肆考图说》中就说："汉制笔，雕以黄金，饰以和璧，缀以隋珠，文以翡翠。管非文犀，必以象牙，极为华丽矣。"可以想见，汉代制笔十分华丽，戴在头上也一定很漂亮。

当然，这种被保留的长长的毛笔也绝非完全无法使用，相传汉代官员们奏事的时候就曾将这种毛笔簪戴在头上，随取随用。因笔杆较长，还可以镌刻上自己或朋友的姓名，汉代人将这一部分笔做成礼物赠给亲朋。

魏晋时期簪笔之风不再盛行，长杆毛笔也渐渐被淘汰。此时人们改良出了可以最大化蓄墨的笔头，从而提高了书写效率。

到了隋朝，隋文帝杨坚改"秦笔"为"宣笔"，一时间安徽

毛笔是文人墨客赋诗作画的工具

随着经济发展及技术进步，毛笔工艺也在日益完善，市场上的款式日益繁多，种类也逐渐齐全，毛笔粗细不一，供给文人多种选择。从古至今，毛笔也逐渐成为收藏鉴赏和把玩的对象。59~66页的图展示了不同时期的毛笔、笔筒和笔盒。

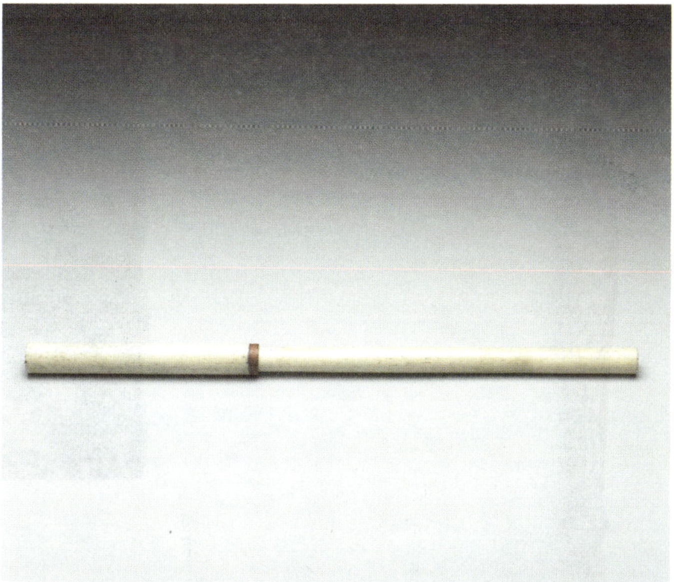

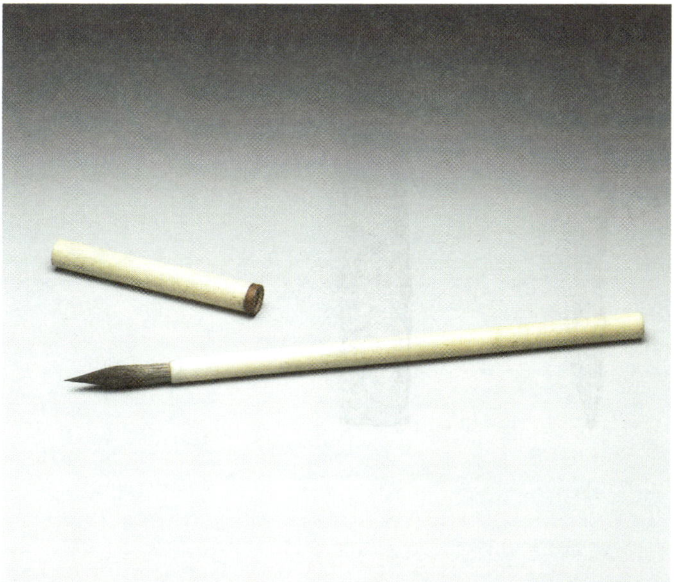

狼毫毛笔（骨桿）

南宋　毛笔

长25.6厘米。

晚明　剔红雕漆笔

长22.9厘米。雕漆，又称剔红，是中华民族传统工艺的瑰宝和精华。

清　贺莲青『腕下生风』木管斗笔

长约18.5厘米。羊毫笔、木质斗笔管。

清　雕象牙笔

长约20厘米，该笔由白色的象牙雕刻而成，兼有镂空笔管，造型独特，同时笔盖上有浮雕图案，上下各染有蓝白回纹。

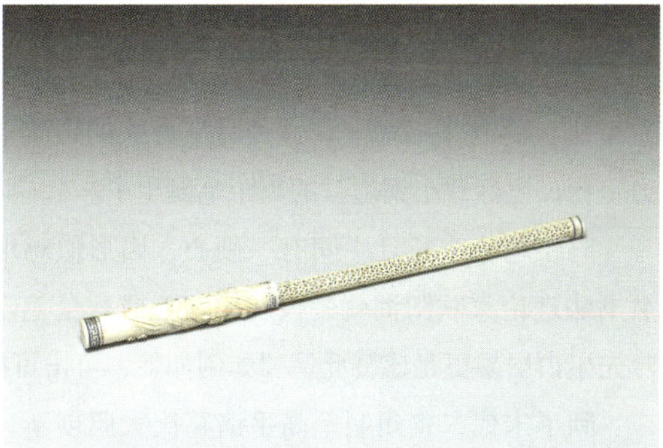

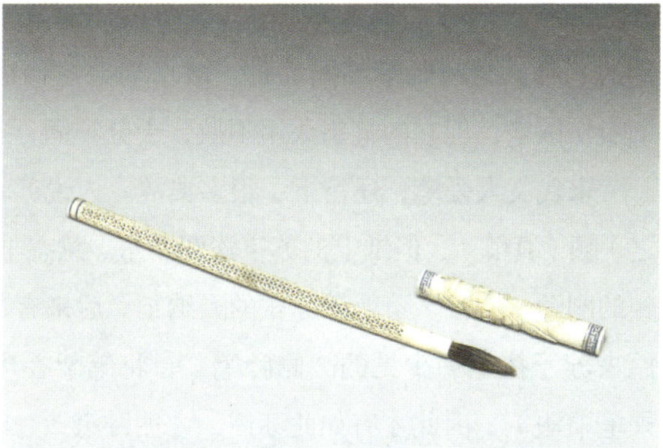

泾县的宣笔远近闻名。此一时期匠人们也终于把写字用的桌子腿调高了，人们再也不用伏案书写，而是改为身体挺直、右手执笔、左手执板的方式书写。在这种写字方式的影响下，摩擦力足，笔力坚韧，堪称“小钢炮”的鸡距笔诞生了。

鸡距笔笔头长且中间有一硬心，因形似鸡爪而得名。唐代著名书法理论家欧阳询就爱极了用狸毛或秋兔毛制成的鸡距笔，醉吟先生白居易更是盛赞此笔“如剑如戟，可击可搏”。

到了宋代，宣州制笔高手诸葛氏大胆创新，将毛笔笔毫的三分之二藏于笔身，制成黄庭坚等辈最爱用的散卓笔。散卓笔是宣笔的一种，与鸡距笔不同的是，散卓笔毛短稀松没有硬心，虽名字唤作散毫，但它的笔头久用不散，十分牢固，一笔可抵数支。

宋代文人爱笔，还留下了很多典故。人说苏轼书法兼学王（羲之）颜（真卿），但纸上的苏字浑圆厚重、意态丰腴，完全不似王、颜的刚劲，让很多不熟悉苏轼的人纳罕。后来有苏轼身边人解密，原来苏子执笔为少见的“侧卧笔”，将笔架在虎口处（类似今天硬笔书法），因此才有如此苏体，“侧卧笔”一时成为笑谈。

到元代时，人们追求以书入画，这对毛笔的要求更高：既要软硬适中又要弹性适宜，还要求储墨量大。而此时宣州一带战乱频繁，宣笔匠人只顾逃命无心制笔，宣笔便渐渐没落了。反而与宣州接壤的湖州没有受到战乱的影响，匠人制作的湖笔顺理成章地兴盛了起来。湖笔不仅适应了当时文人画家的需要，还以精雕华饰博得宫廷的喜爱，几乎包揽了所有的御用笔。

明清时期长沙湘笔开始崛起，逐渐与湖笔平分秋色。湘笔的特点在于笔头采用了杂扎技术，将不同的毫毛做了分层处理，颇

明末清初　雕竹达摩故事笔筒

笔筒由一段竹节雕成。全器由镂雕法和浮雕法雕刻而成。

清　笔筒

13.8厘米 ×16.5厘米 ×10.2厘米。笔筒根据木材原有形状加以镂空雕刻而成。

有刚柔并济的效果。且湘笔的定价亲民，深受民众的喜爱。如果说湖笔垄断了宫廷的笔业，那么湘笔恰恰垄断了民间的笔业，二者平分秋色。

明清制笔不仅讲求实用，还讲求用料的多样性以及工艺的欣赏性。所谓“笔之所贵在于毫”，此一时期笔毫的用料已经扩展到紫毫、狼毫、羊毫、豹毫、猪鬃、胎毛等数十种。笔的形制从大到小有楂笔、斗笔、对笔、提笔、楹笔以及工笔画专用的小型笔等。

丰子恺说：“中国人的精神，就在这管毛笔里头。”文人笔下之词赋，画家笔下之国色，皆由毛笔点燃之、承载之。

清　乾隆剔红蝙蝠纹笔盒

高3.8厘米。长31.4厘米。此为乾隆帝御用放置毛笔的盒子，采用剔红工艺，雕蝙蝠纹饰，手法娴熟，技艺精湛。

墨

墨是中国古代必不可少的文书工具之一，俗话说“落纸如漆万载存真”，自古中国文人对墨的喜爱重视就是极不平常的，这一点可以从他们为墨所起的“雅号”中窥见一二。如“玄霜”“乌玦”“元光”“青松子”“乌金”“龙香剂”，这些仙气盎然的名字加在黑黑的墨上，让人不禁神往。

在人工墨被发明出来以前，中国古人是用天然墨或半天然墨来做颜料的。天然墨又称石墨、石黛，中国人对它的使用可追溯到新石器时代，当时我们的祖先用墨色装饰陶器。而从殷墟发掘的甲骨中，考古学者也找到过墨的最早使用痕迹。

半天然墨的主要原料则包括松烟、煤烟、胶等。《洞天清禄集》上曾记载：“上古以竹挺点漆而书，中古有石墨，可磨石以书，至魏晋间，始有墨丸，以漆烟和松煤为之。”

但是魏晋时的墨丸并非最早的人工墨品。据《辍耕录》所说：“上古无墨，竹挺点漆而书。中古方以石磨汁，或云是延安石液。”中古指的是商周时期，那时人们在日常生活中，大量燃烧树枝取火，

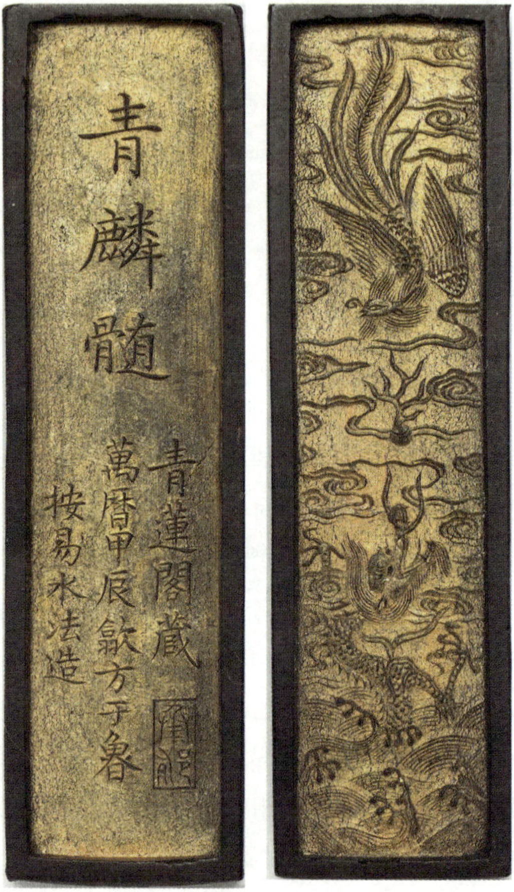

明　方于鲁青麟髓墨

长方形条状墨，内侧簌金。一面模印龙凤，一面模印「青麟髓」「青莲阁藏」「万历甲辰歙方于鲁按易水法造」等字。

明代时期墨的鉴赏

藏墨是历代文人墨客和显贵之人的喜好，一锭珍墨也价值不菲，许多人对古代墨锭珍品爱不释手，觅佳墨和珍墨者甚多。但是墨和别的藏品不同，只可远观而不可亵玩焉，因为它一上手，手就变黑了。我国制墨历史悠久，记载墨的书籍也有很多，即「墨谱」。大约明末开始，这类书中便把墨作为鉴赏收藏的珍品来叙述了。收藏家们也往往根据墨谱的记录来鉴定墨的收藏价值。明代，制墨名家层出不穷，先有嘉靖时期的方正、邵格之等，后又有万历时期的程君房、方于鲁、汪春元等，他们所制之墨作品精美，造型美怡，光彩夺目，为后世藏墨者提供了不少珍藏之作。

明 隆庆『龙香御墨』绿墨

整体为绿色，如意云形，金彩绘棱边，墨面上绘卷草纹曲线。

发现剩余下来的木炭可以画出痕迹，于是便开始尝试人工制墨。

东汉《汉宫仪》记载：“尚书令、仆、丞、郎，月赐愉麋大墨一枚，愉麋小墨一枚。”其中愉麋是一个地名，指今陕西省千阳县。这个地方的山右松比较多，人们将其捡回家烧制成烟炭。烟炭质地较软，极易研磨成墨粉。人们或直接取用墨粉，或用手将其捏合成墨块。

而魏晋时期的墨丸则是人们采用模具制作的，比双手捏合的墨块更坚硬结实。人们还发现在伐木前，先把松树的松香流掉，然后烧制、捣杵、去杂质、加胶定型后制出来的墨质更好。工欲善其事，必先利其器，中国人发明了好的墨，自然而然就会有好的文化作品。

清　乾隆　国宝硃墨

为正方形硃墨，墨侧饰有已云气化之龙纹。一面模印金色双龙腾云，且赋有『大清乾隆年制』字样；一面模印『云行雨施，万国咸宁』篆字。

明代时期墨的鉴赏

收藏古墨，清代的墨则为最佳。据记载，我国古代的制墨业在清代达到了高峰。精良品相多，样式和墨模各尽其美，达到了历史的巅峰水平。

清　龙凤呈祥墨饼

为圆形墨饼，正面金色龙凤纹饰，红线描边，配有金银双色云纹；背面正中刻有龙凤呈祥四字。

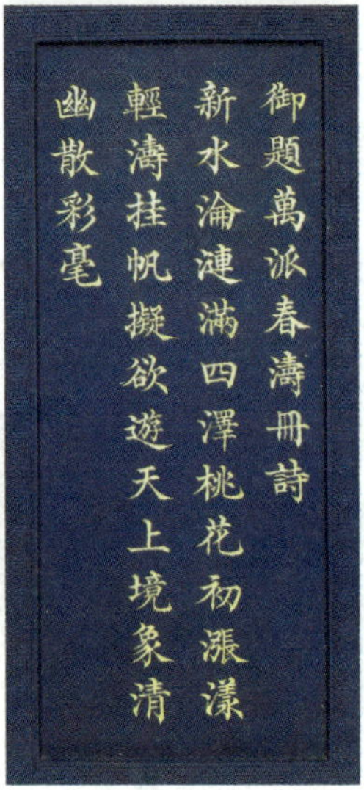

清『万春集庆』蓝墨

一面金字楷书御题诗；一面模印水岸帆船。

清『万春集庆』黄墨

一面金字楷书御题诗；一面模印溪畔牧马。

清『万春集庆』白墨

一面金字楷书御题诗；一面模印爷孙嬉戏。

清代嘉庆时期五色墨

五色画锭一套十件。一面为御题诗，一面为董诰画作的元素提取，模刻细致，布局精巧，是嘉庆时期墨制品的代表之作。收于『御题万春集庆册五色画锭』漆盒中，目前收藏于中国台北『故宫博物院』。

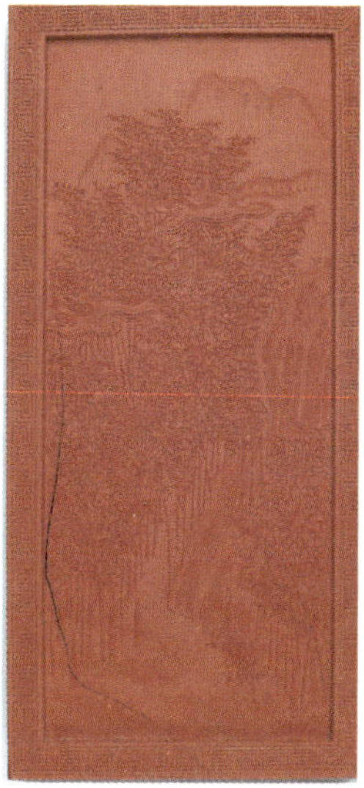

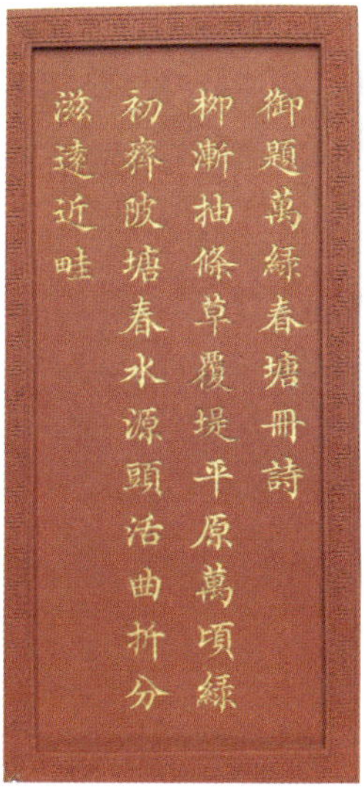

清『万春集庆』硃砂墨

一面金字楷书御题诗；一面模印山间林道。

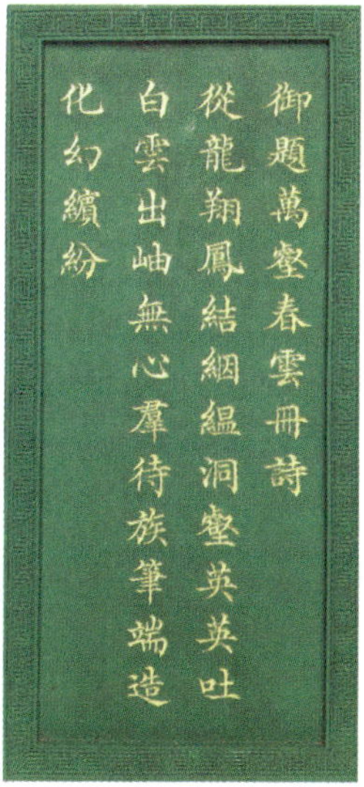

清『万春集庆』绿墨

一面金字楷书御题诗；一面模印深山云霭。

相传王羲之幼年练字十分刻苦，常年练字，用坏的毛笔可以堆成一座小山，他的书房旁边有一个小水池，练完字之后他常在水池里洗墨，以至于后来小水池的水都变黑了。从此以后，“墨池”就成了文化领域专属的典故。而只有这样的好墨再加上刻苦的精神，才最终为我们留下了《兰亭集序》这样的旷世珍品。

随着制墨工艺的提高，制墨专家韦诞开始以珍珠、麝香入墨，开启了以药入墨的先河。北魏杰出农学家贾思勰还在自己的著作《齐民要术》中，专门写下了一篇讲述制墨工艺的《合墨法》。

到了宋代，由于长期砍伐，制墨原料松烟开始变少。人们便开始以石油、桐油、猪油或其他动物油为原料，燃烧后收集油烟制成墨。通过这种方式制出来的墨，黑中发亮，成色极好，是非常理想的书写和印刷材料。

明清时期，药墨在民间广为流行。药墨具有消炎解毒、止血止痛等多种疗效，当时商贾将士外出时，常将药墨带在身边以备不时之需。

正是因为人们有了大量的需求，才促使制墨业发展成为一个巨大的产业门类，当时的徽州地区，几乎是家家户户制墨、世世

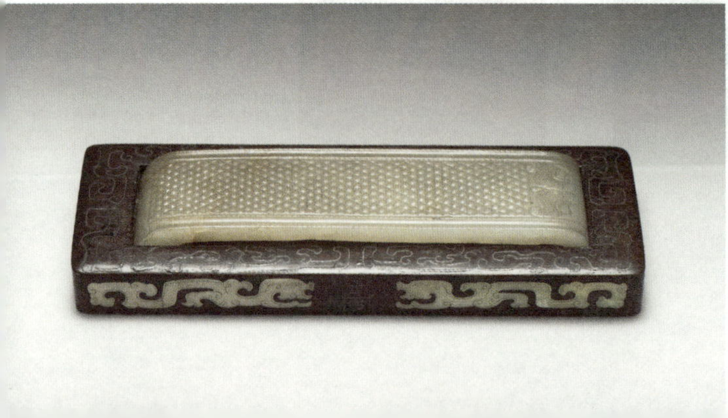

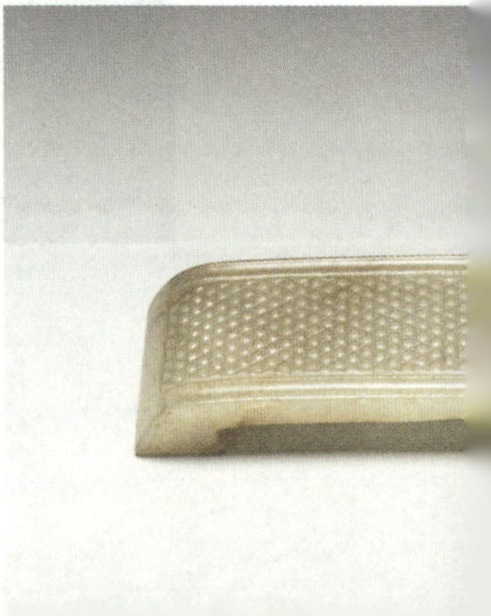

代代以墨为生。

徽州制墨的繁盛亦可从歙、休、婺三派三足鼎立的趋势中管窥。歙派历代为朝廷供墨。其墨端庄、烟细胶清，墨品风格刻意摹古；休派专为文人墨客供墨，其墨质朴，面无彩饰，墨品风格雅俗共赏；婺派专为黎民百姓和学子供墨，其墨不见重于文人墨客，故少有记载。

古人常云：“有佳墨者，犹如名将之有良马也。”从最近几年来看，古墨无论在国内还是国外的大小型拍卖会上，都成了藏家追求的藏品，行情看涨。

明 项元汴藏款紫檀嵌玉墨床

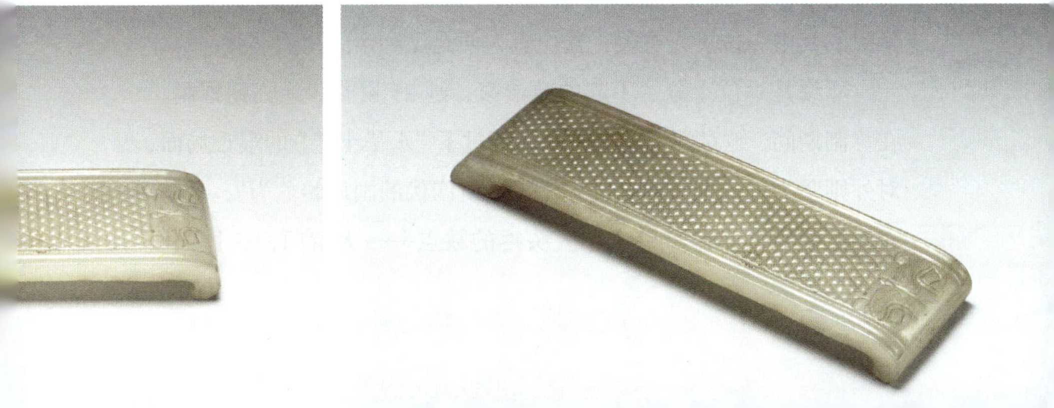

纸

纸作为中国古代四大发明之一，已经永远地载入了中国文化发展的史册之中。

中国的纸张最早出现在汉朝初期，汉朝人对廉价易得的麻、树皮、藤、草、竹等自然纤维进行加工，制作出了人类最古老的纸。但那时的纸张质地粗糙，难以书写，多用于包装。直到东汉的蔡伦改进了造纸技术，纸才逐渐成为中国人日常的书写载体。

关于蔡伦改进造纸术还有一则有趣的小故事。

蔡伦原本是汉代后宫的一个小太监，他的职务就是在众贵人之间来回游走传递书信以及口信。利用这个便利条件，他迅速与贵人们处好了关系，站稳了脚跟。他改进造纸术的原因就与他所攀附的其中一位贵人有关，这位贵人便是汉和帝的皇后邓绥。

邓绥是一位十分了不起的政治家，她 25 岁时曾经临朝称制。在称制期间，她对内帮助继子刘隆度过了“水旱十年”的艰难局面，对外则坚决抵抗了西羌之乱，使得危机四伏的国局转危为安。

但是呢，邓绥有一个令人头疼的缺点——太抠门，这让伺候她的宫人们大伤脑筋。邓绥最喜欢没事的时候写写画画，可是她舍不得用纸。于是蔡伦为了讨好这位抠门的贵人，翻阅典籍，总结前人造纸的经验，捡一些细碎的边角布料和别人不要的破渔网等废弃材料制作成纸张。

没想到这样造出的纸张，书写效果奇好。邓绥非常喜爱蔡伦改造后的纸，并命蔡伦将其造纸术传授给国中的匠人，于是蔡伦造纸术便在中国大地传播开来，随后又传遍世界各地。

自此中华造纸业可谓繁盛一时，又接连出现了“灞桥纸”“金关纸”“放马滩纸”“中颜纸”等具有地域标示性的纸张。

隋唐时期，纸张工艺进一步发展，这一时期人们已经开始用加矾、加胶、涂粉、洒金、染色等技术手段对纸张进行美化处理，造纸术越来越成熟。

而随着纸张的文化属性越来越强，它也终于实现了从器物到文玩物的转变，具有代表性的事件就是宣纸的出现。

宣纸因出产自宣州而得名，张彦远在《历代名画记》中提到：“江东地润无尘，人多精艺。好事家宜置宣纸百幅，用法蜡之，以备摹写。”由“家宜置宣纸百幅”可以看出宣纸受欢迎的程度。

五代十国时期，宣州出产的澄心堂纸更是名盛一时。《歙县志》上说该纸“肤如卵膜，坚洁如玉，细薄光润，冠于一时”，其中长者可达五十尺一幅，从头到尾匀薄如一。相传澄心堂纸名贵，只有宫廷的画家才能用到。

宋代之后，澄心堂纸逐渐从宫廷走向民间，但仍旧是千金难求。文人对于澄心堂纸的喜爱，从梅尧臣诗“滑如春冰密如茧，把玩惊喜心徘徊”中便可管窥。北宋诗人王令也曾在诗中写道：“有

蔡伦造纸

选自清代绘本《新诗造纸书画谱》。作为四大发明之一的纸，起于汉初，直至东汉蔡伦改进造纸术，纸开始广泛应用。至隋唐时期，纸张工艺进一步发展，技术进步使其对纸张美化，造纸术愈加成熟，宣纸的出现代表着纸张文化属性愈加强烈，愈成为文玩物。宋代之后，纸张的文玩属性已逐渐高于使用属性，甚至文人只忠于收藏。明清乃至近代，造纸业更加发达，分为供宫廷用金粉写经文用的使用纸张和文玩类纸张，例如高端纸的代表金粟山藏经纸。

钱莫买金，但买江东纸，江东纸白如春云，独君诗华宜相亲。缀连卷大十牛腹，要尽寄我无寄人。”

如此贵重的纸张，文人得到后也只肯收藏不肯施用。由此可见纸的文玩属性已逐渐高于使用属性了。明清乃至于近代，造纸业更加发达，纸张已经逐渐分出使用纸张和文玩纸张了。

使用类纸张如明朝时的瓷青纸，其色靛蓝意象深远，主要供宫廷用金粉誊写经文用。后来被用作卷轴的引首或装池。据说一张瓷青纸的价钱可抵十斤白面，是当时王侯公卿、富商、名门学子收藏的顶级纸。

文玩类纸张如清朝乾隆皇帝的心头好——金粟山藏经纸。自宋代诞生之初起，金粟山藏经纸就一直是高端纸的代表，但是宋朝之后便失传，乾隆为此不仅命人尽力仿制，还积极在民间进行寻找。各地大臣为了迎合他的喜好也频频进献古纸给他。

如今悬挂在承德避暑山庄起秀堂的《斗鹿赋》十条屏，就是乾隆皇帝使用金粟山藏经纸为我们留下的宝贵书法作品之一。

砚

近年来书画家热衷于收藏古砚，他们皆以拥有一方古砚为一大幸事。可是真正懂古砚的人却寥若晨星，我们不妨先静下心来了解古砚的历史，以使收藏古砚有章可循。

中国制砚的历史十分悠久，根据近代考古发现，在西安半坡文化遗址中出土的石盘，可以被看作石砚的祖型。而在仰韶时期的出土文物中，我们也能够找到祖先用附带着磨杵形式的砚研磨颜料。由此我们得知砚起源于先民们使用的各种研磨器。

春秋战国时期，砚的使用开始普遍起来，《文房四谱》记载："鲁国孔子庙中有石砚一枚，制甚古朴，盖夫子平生时物也。"那一时期，调色砚的材质一般为石、玉两种。

到秦时，砚的形制趋于规范。在湖北孝感的一处秦墓中，我们发现了带有研磨石的砚，这方砚由不太规则的鹅卵石制成，但磨面较为平整，还有因使用过而残留的墨迹。

西汉时，人们喜欢席地而坐、附小几书写，因此专用书写的砚要放在小几旁的地上。为了方便取用，人们设计了长方四足状和圆形三足状等多足石砚和多足陶砚，其中十二峰陶砚最是有名。宋代米芾在《砚史》中记载了汉时玉砚“玉出为光，着墨不渗，甚发墨”的特点。

汉代，除石砚、陶砚、玉砚外，还有铜砚、漆砚、瓦砚、澄泥砚等。砚的造型呈现圆形、长形、山形和龟形，同时砚身的雕刻技艺也已较为精细。

魏晋南北朝的砚台，出现了新的品类——瓷砚。其砚有圆形、长形、风字形。唐代徐坚等人撰修的《初学记》里有“或薄或厚，乃圆乃方。方如地象，圆如天常。班采散色，沤染豪芒。点黛文字，耀明典章。施而不德，吐惠无疆。浸渍甘液，吸受流光”等对这一时期砚品的形容。

金属砚的制作在南北朝时期算是独具一格，安徽肥东县出土的南朝铜蟾蜍砚，遍体碧绿鎏金，十分奢华。砚已经逐渐从器物转化为观赏物、把玩物，甚至逐渐成为文化的象征。

《晋书·陆机传》上有一则典故叫“君苗焚砚”。

陆机的弟弟陆云曾在信里告诉哥哥说：“我有个叫作崔君苗的朋友自视甚高，自以为举世无双，但见了哥哥的文章后，自愧不如，‘辄欲烧其笔砚’。”

见到自己不如别人，居然惭愧到想要把砚给焚毁，可见砚作为文化的象征，已经多么深入人心。

到了唐代，砚的制作已经相当专业化，这里以中唐为分界，在四大名砚出现之前，砚全然以实用性为主。随着山东鲁砚、广东端砚、江西歙砚、甘肃洮河砚这四大名砚的相继出现，人们在注重实用性的前提下，开始注重砚的品质美。

汉　未央宫东阁瓦砚

砚台属于文房重器，中国制砚可谓是历史悠久，从春秋战国起，砚的使用开始普遍起来，经由唐宋发展，砚台逐渐成为文人案头把玩的必备之物，备受士大夫重视，其审美意趣及文化内涵也远超一般生活用品。上图为汉代用未央宫东阁所剩瓦制成的砚，长方形，似瓦片式，着色为黑，砚面中心为一椭圆形砚堂，中含半月形墨池，砚身均可铭文。

晋　玉兰堂砚

砚为长方形，砚为黑色，砚身为平，两侧均刻铭文。

唐　邢窑　黄釉瓷砚

米黄瓷胎体，着黄色透明釉，积釉处颜色较深，为褐色，表面刻金字。

南宋　米色青瓷椭圆砚

砚为椭圆形，砚身为米黄色釉，布有磨痕，略有局部泛青。

元　赵孟頫　从星砚

砚体呈长方形抄手式砚。

宋至明　铜蟾蜍砚滴

三足蟾蜍，眼睛直视前方，身着卷纹，背部有一隆起圆柱，铜制品。

清　端石云龙九九砚

长方抄手式砚，全器为端石雕琢而成，呈灰黑色，圆柱石眼呈黄绿色，中间有深色点，貌似瞳孔。

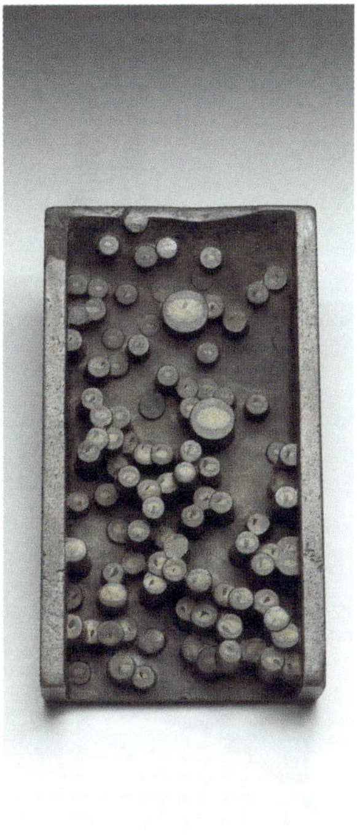

清　青铜钟式嵌澄泥砚

仿照青铜钟样式制作抑或青铜钟改制，内部呈圆弧内凹状。

清　松花石蟠螭砚

砚台正面九只白鹭嬉于水面，且赋有清高宗御制题。池中雕黄色蟠螭纹，满雕三龙戏珠。整体呈黄棕色。

其中山东鲁砚居众砚魁首。最有名的鲁砚是红丝石砚，产于青州，又名青州砚。青州红丝石砚石声清悦，石色美丽，易于发墨，不损笔毫。柳公权称“余蓄砚以青州为第一，绛州次之；后始重端歙、临洮”。

端砚制作历史悠久且磨之无声、涩不留笔、滑不拒墨。唐人李肇著称“端州紫石砚，天下无贵贱通用之”。制作端砚的材料端石本身长有“眼睛”，据说石嫩眼多，石老眼少。更有以其“眼睛”品相来划分优劣的。

歙砚石质坚韧且有天生的纹理：金星、眉子、细罗纹、水浪纹等，颇具风格。唐时歙砚在品类上以龙尾砚和金星砚最负盛名。龙尾砚石有锋芒，发墨如砥，紧密温润，强劲耐磨。金星砚，又称羲之砚，传说王羲之偶得此石，磨石成砚，爱若珍宝。其石料内含硫化铁结晶，看上去像闪闪发光的繁星，所以被称为金星石。

洮河砚取材深水之中，取之极难石品却呈现高雅绿色，所以异常珍贵。苏东坡在《鲁直所惠洮河石砚铭》里评价洮砚：“洗之砺、发金铁。琢而泓，坚密泽。岁丙寅，斗南北。归予者，黄鲁直。”

宋代理学兴盛，为宋砚的制作尤其是刀刻技术提供了理论指导。宋砚造型简约，注重点线面的协调配合。其中抄手砚不仅是宋砚的主流款式还是制砚史上最经典的款式。宋代文人对书房用具日益讲究，尤其爱上了名砚的鉴赏和收藏。苏轼、米芾、黄庭坚等都是这方面的代表人物。

明清时期，随着经济的发展，砚台已成为文人案头把玩的必备之物。其中明朝名砚中不得不说的是正形砚，它一面延续着南宋的制砚风格，一面又以厚重质朴为自己的特色。还有仿生随形砚也在明朝时开辟了新的天地，其形状酷似竹节、瓜果等。

清砚的取材除端石、歙石外，还有砖瓦、漆砂、松花石等。尤其皇家御用砚好用松花石，康熙帝称其“质坚而温，色绿而莹，文理灿然”。以上提及的砚石为整个砚史增添了一抹亮色。

古有“以文为业砚为田”的说法，砚台属于文房重器，向来备受士大夫重视，其审美意趣和文化内涵远远超过了一般的生活用品。

文房雅玩

俗话说文人案头玉生香，古人的案头陈设绝不局限于“文房四宝”。

水盂：

古人在舞文弄墨之前，得给砚池加水染墨濡笔，可这水该怎么加呢？

聪明的古人发明了一种敛口儿的水器，再配一个小勺，防止水溢出弄脏桌面。人们还给它取了个好听的名字，叫作水盂。（也有叫作水注、水丞或砚滴的。）

宋人赵希鹄在《沿天清录集》中注：“晨起则磨墨，汁盈砚池，以供一日之用，墨尽复磨，故有水盂。”

水盂最早出现在秦汉时期，号称“文房第五宝”。形状上，它多呈随形或象形；材质上，它用料丰富，达500余种；图案上，

明　玉瓜形水盂

长8.6厘米。玉器整体呈白色且有黄斑，玉质细腻温润。扁圆形器具，腹部雕有枝叶瓜果纹饰，造型优美。赋有小玉勺与木座。

清　嵌玉竹编镇纸

长16.6厘米。竹形压尺，表面竹编装饰，中间镶嵌玉饰，玉面描绘的芦草中的双雁，是宋朝以后常见的题材，具有古拙的趣味。

它更是人物、山水、花鸟、虫草应有尽有。

从养生之道来说，水盂可“一洗人间氛垢”“清新乐至”；从心理学角度，水盂精巧可助文思。水盂也因此被称为“文房雅趣之臻，文人雅趣之魂”。

镇纸：

《说文解字》注：镇，博压。即大面积压住的意思。

自从纸张问世之后，文人坐于窗前读书写字，经常有被风吹乱、吹跑纸页的困扰。人们偶尔会将摆在桌子上把玩的小型青铜器或玉器顺手压在纸上或书上。这个办法极好用，久而久之，就发展成一种专门的文房用具。

用来做镇纸的材料非常多，可以有金、银、铜、玉、木、竹、石、瓷以及水晶等。

镇纸又称镇尺，常常成对出现，并刻有使用者的书画，体现了使用者的喜好和品味。相对来说“尺”象征着君子为人做事要有尺度。

所以镇尺不单是文房用具，更是文房雅玩，能够体现使用者的君子气量。

奇石：

古人称其为“石玩”或“玩石”。

古代文人大多爱石，常令其作摆件置于案上以便读书之余把玩。

古代有四大玩石：太湖石、灵璧石、英石和雨花石，其中灵璧石为四大玩石之首，产于安徽灵璧县，石质坚硬，结构紧密，敲击时能发出“铿铿”的声音。

清初　寿山石雕人物故事山子

高 11.1 厘米。宽 8.9 厘米。

清中期　碧玉鹤逸图山子

高 18.4 厘米。

清　玛瑙石榴摆件

高11.4厘米。宽19.1厘米。

太湖石又名窟窿石、假山石，盛产于太湖地区，玲珑剔透，姿态万千，属于石灰岩。

英石又名英德石，产于广东省英德市，本色为白色，因长期风化和本体富含杂质而出现多种颜色。

雨花石则是一种有着鲜艳色彩和美丽花纹的天然玛瑙石，产于南京一带，有“石中皇后”之称，被誉为“天赐国宝，中华一绝”。

菖蒲：

相传，菖蒲伴随尧帝生于水畔，有“尧韭”的别称。它不畏寒暑，身怀异香，常被古人掬一捧设在案前细嗅摆弄。

先秦时代，菖蒲被看作是一种高洁的香草。从西汉起，菖蒲就被皇室收进园林进行栽培。

唐宋时期，菖蒲与兰花、水仙、菊花并称为“花草四雅”。当时甚至出现“无菖蒲不文人”的说法，李白曾为之写下“我来采菖蒲，服食可延年”的诗句。

现代中医认为菖蒲对中枢神经有抑制作用，能镇静安神。弹古琴、品普洱、着唐装、听昆曲、燃沉香、习密宗、植菖蒲，正所谓江南七俗。古人认为菖蒲有利于读书：夜间看书的时候，有了菖蒲就不会被火烛熏坏眼睛。

古人案上伺候笔的文玩还有很多：笔床、笔山、笔架、笔插、笔筒、笔格、笔屏、笔盒、笔洗、笔添等。

古人案上装东西的小匣子还有：用于装砚的砚匣，用于装墨的墨匣，用于装书的书匣，用于放糨糊的糊斗，用于放蜡烛的蜡斗等。

古人在书房中的乐趣远比你想象中的多。

第二节　皇家『上五玩』

掌珠、菩提手串、匏器、翡翠、佛珠，是皇家『十玩』中的『上五玩』。掌珠玩的是毅力，菩提手串玩的是智慧，匏器玩的是耐心，翡翠玩的是品德，而佛珠玩的则是悟性。

在把玩过程中，把玩者的这些个性会完全暴露出来，到了最后究竟是人在把玩器物，还是器物在磨炼人心，只有真正上手把玩后，才能知晓答案。

掌珠

“掌珠”是古代人对文玩核桃的尊称。核桃原名胡桃，又名羌桃、万岁子或长寿果。由名字得知，小小的核桃其实也是个舶来品，中土的核桃打西域来，在西晋张华所著的《博物志》中就有“张骞出使西域，得还胡桃种”的记载。

十六国时期羯族首领石勒建立后赵，改国号为“卫”，他禁止国人提及“胡”字，因此“胡桃”便被改名为核桃。

核桃的把玩起源于汉晋，流行于唐宋，盛行于明清。北宋时期的《太平御览》中就有相关记载，说：“偏核桃出毕占国，肉不堪食。胡人多收其核遗汉宫，以称珍异。”意思是说，毕占国种植的一种偏核桃，果肉虽不能吃，但是果核很好看，胡人常收集偏核桃的果核，将它当成珍宝献给汉朝的官员。

大理国时期少数民族曾把核桃当作商品在市场上流通。南宋宫廷还将核桃缠裹上糖浆制成御宴小甜果，核桃摇身一变成为舌尖上的一道美食。

明代核桃被宫廷的乐师们拿来揉手，成为乐师们锻炼并保持手指灵活性的工具。人们发现核桃经过与手掌的长期摩擦后，造型光亮可爱。揉手核桃便逐渐普及开来，慢慢从宫廷传入民间。

民间认为核桃的“核”字，与“和”“合”谐音，有“和和美美”“和气生财”“百年好合”“合家欢乐”等吉祥寓意，因此核桃很容易被老百姓接纳，把玩的人也越来越多。

清朝的乾隆皇帝对把玩核桃赞誉有加，曾写下“掌上旋日月，时光欲倒流”的名句。在他的影响下，清朝自上而下兴起一股把玩核桃的风潮。达官贵人或为附庸风雅，或为行贿纳贡，也争相进入了收藏和把玩核桃的行列。

每逢皇上或皇后寿辰时，他们便会将精细挑选出来的把玩核桃作为寿礼呈上，其价值由此可见一斑。一时间核桃竟然成为上层社会圈子里人人捧在手心里的掌中宝。

即便到了现代，核桃在把玩市场依然走红，行间仍然流传着“文人玩核桃、武人转铁球、富人揣葫芦、闲人去遛狗”“核桃不离手，能活八十九。超过乾隆爷，阎王叫不走”等俗语。

现代收藏的文玩核桃共分三种：铁核桃、秋子核桃和麻核桃。

铁核桃的产量最高，产地分布最广，以云贵川地区为主。尤其是在云南地区的原始森林，那里的野生铁核桃树已有上百年的历史，从未经过人工的浇灌施肥，只吸收日月天地的精华，所结出的果实个头硕大、分量沉重。

铁核桃的皮质普遍坚硬厚实，碰撞时发出的声响好似蟾鸣。铁核桃不仅价格低廉，造型还很多，有四棱骰子、三棱大奔、两棱元宝、蛤蟆头、将军膀、牛肚等。还有一些极为少见的异形，如佛肚、半壁江山、鹰嘴、金刚杵等。

秋子核桃古称丘子，是土生土长的东北野生核桃。东北秋子又尖又长，形如纺锤。秋子核桃不仅颜色浅、纹路深、手感轻，棱数还多，最多的时候能在一只核桃里找到八条棱。秋子天生纹理多而密，因此很难配成对。其造型主要有高庄闷头、三楞矮庄、金钱底、粗筋方底、粗筋虎头、通天塔、钱袋、平头、柳叶、桦

清 核桃

横长5厘米。表面褐色，形态完整。

甸灯笼等。

麻核桃的名贵之处在于：现在行间所谓的四大名核全部都包含在这一类核桃里。麻核桃的主要品种有：狮子头、虎头、官帽、公子帽、鸡心、罗汉头等。其中四大名核指的是：狮子头、公子帽、官帽和鸡心。其中最上乘的当属产量最小但品相最好的狮子头。

狮子头位列四大名核之首，形状饱满呈圆球形，花纹漂亮有洞有眼，是绝好的收藏佳品，在市场上供不应求。它的产地主要分布在河北、天津、山西和北京的部分山区，如平谷地区和门头沟地区。

北京的平谷地区在历史上就是文玩核桃的主产区，最著名的老树闷尖狮子头就产自平谷地区。平谷核桃的普遍特点就是皮质硬，纹路好，底座大。与平谷核桃不同，门头沟核桃在颜色上更红润、更漂亮，尤其是底座的菊花纹路深受玩家喜爱。

从整体上看，文玩核桃的纹理大都天然独特，经年日久把玩在手上，声音越发清脆如金石，颜色越发红艳如朱丹，包浆越发晶莹如翠玉。其承载的雅致情趣，可谓文玩界极品，千金难换。

菩提手串

继文玩核桃后，有着“世界四大名珠之一”之称的菩提手串成为收藏界新宠。菩提手串有何渊源呢？它为什么会这么火？

菩提手串的主要材料菩提子，乃是佛教圣物。自释迦牟尼在菩提树下悟道成佛之后，菩提子便备受佛教信徒们的追捧。

由史料“相传南朝梁时僧智药自天竺移来菩提树，植于粤东，其菩提树子，表面有大圈，其纹如月，细点如星，称为星月菩提，亦可作为数珠”，可知菩提手串传入中国的时间，大概在魏晋南北朝时期。

菩提手串在我国清朝时最为繁盛。因为在清代礼制中，菩提十八子手串和朝珠都是官定的佩饰。只不过朝珠需严格按照等级制度佩戴，任何人不得轻易逾越。而菩提十八子手串则不受等级约束，可以随意佩戴。

现代　星月菩提子

每粒珠上都由一个大点和许多小点组成，如众星捧月一般，故名星月菩提。

由于菩提手串有祈福纳祥之意，常被文人雅士用来珍藏赏玩和相互馈赠。在把玩的时候，古人除了会将菩提子挽在手腕上，也常在对衣襟时将其佩戴在第二颗纽扣上，或者在穿褂衣时，将其挂在腋窝上方的襟钮上。

那么菩提子一共有多少种呢？据资料记载，菩提子有 30 多种，用于制作佛珠的有 18 种。按其表面斑纹和颜色的不同可分为星月菩提子、凤眼菩提子、金刚菩提子、龙眼菩提子、太阳菩提子、麒麟眼菩提子、仙桃菩提子、莲花座菩提子等。

星月菩提是一种草籽，在我国主要产自云南、海南。星月菩提一般带有或大或小的黑色点点，新籽的点点偏棕红。据说星月菩提上面的小点代表着星星，大点代表着月亮，故名星月菩提。

现代　五线菩提手串

手串是源于佛珠的一种串饰品，经过千百年的发展，时至今日已逐渐成为集装饰、把玩于一身的特色饰物。上图为藏家李友来收藏的故宫五线菩提手串，108粒，又名金线菩提。

现代　菩提子手串

云树阁藏品。

现代 凤眼老菩提佛珠

云树阁藏品。

凤眼菩提产于尼泊尔北部山区，国内一般为嫁接品种。凤眼菩提因其上面的眼睛花纹而得名，凤眼象征祥瑞，且越小越珍贵。汉传佛教中的净土宗大德黄念祖居士就对凤眼菩提青睐有加。

金刚菩提是大型常绿阔叶树木，产于尼泊尔东部地区，其果实坚硬无比，有摧毁世间一切邪恶之意。

龙眼菩提是菩提子的一种，颜色呈黄褐色，表面带有丫形角状纹理，也有三角状好似眯眼的斑点，通体有淡淡清香味。龙在梵语中音译为“那伽”，是守护佛法的护法，代表菩萨的威仪，具有呼风唤雨的能力。

太阳菩提是热带地区的一种红褐色果实，每粒上面都有一个白色斑点，如旭日中天。佛教中太阳代表着密宗的主尊大日如来，他可以破诸黑暗，光照众生。

麒麟眼菩提是菩提子的异变品种，形状像柿饼，质地金黄，且每粒上面的眼睛呈方形，是佛门中十分稀有且珍贵的法物。

仙桃菩提子外形扁圆，形如蟠桃。蟠桃又称仙桃，相传是王母娘娘所种，可以延年益寿。仙桃菩提子的表面有很多凹凸不平的纹理，通体呈古铜色，仙味十足。

莲花座菩提有点像变异的酸枣核，多产自尼泊尔和印度。通体枣红色，形如圆锥，质地坚硬。

人们在把玩菩提子的过程中，将诸多美好的愿景寄予其中，一面把玩一面全身心地祈福，直至达到物我合一的境界。

匏器

前些年有一个新闻，被圈内称为“中国匏器收藏第一人”的马洪泉，把自己的三只清代蝈蝈葫芦拿到央视鉴宝栏目上亮相，故宫博物院专家刘静为这三只葫芦估价 80 万元。

最近几年，文玩葫芦开始走红，文玩界“文玩无贵贱，只要能持之以恒地玩下去”的说法被打破，曾经在圈内号称最便宜的葫芦都已经卖到上万了，很多人直呼玩不下去。

文玩葫芦，雅称匏器。葫芦谐音“福禄”，代指幸福与爵禄，寄寓了古人对美好生活的向往。

葫芦在我国蕴含着丰富的文化内涵。

葫芦大大的肚子，像极了怀胎数月的孕妇形象，古人便赋予了葫芦子孙繁衍、人丁兴旺的寓意。

葫芦柔和圆润的外形和浑然天成的流畅线条，符合古人“敛财纳福”的风水要求。

葫芦与《老子》里“道生一，一生二，二生三，三生万物，万物负阴而抱阳”的内涵相契合，被古人看作是阴阳同体的风水神器，用以招福禄、化煞气等。

在古代先民的生活中，葫芦又与传统农耕有着千丝万缕的联系，经常被用于制作成水瓢、酒杯、茶壶、饭勺、羹匙等各种日常生活中的器物。

甲骨文中的“壶”字，就是一个葫芦的形状，这便是古人将葫芦用作盛水器的证明。因此古人一直把葫芦称作“瓠”“壶”“匏”。

《诗经》十五风之一《邶风》中有云“匏有苦叶，济有深涉。深则厉，浅则揭”；《豳风》中云“七月食瓜，八月断壶，九月叔苴”；《小雅·瓠叶》云“幡幡瓠叶，采之亨之。君子有酒，

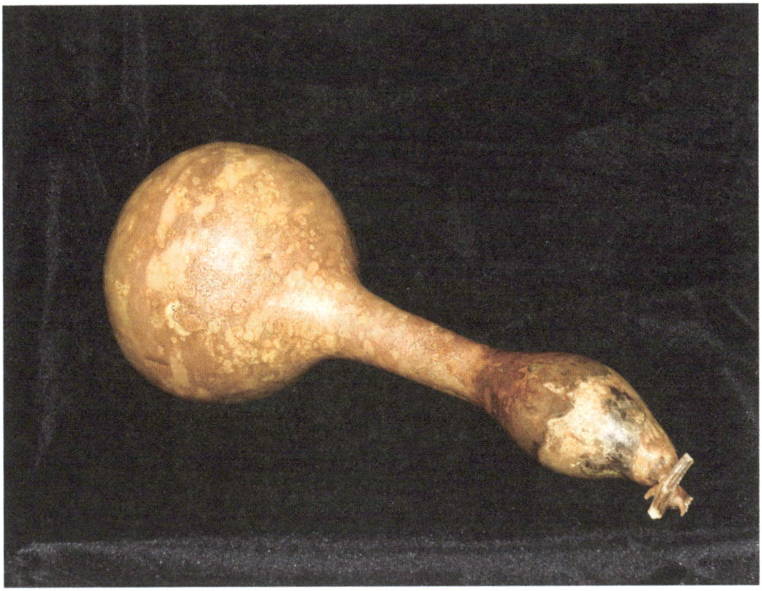

老葫芦

酌言尝之”。从这些古老的遗风中，不难看出葫芦在农耕时代扮演着重要角色。

“葫芦”这一名称直到唐代才开始被使用起来，宋代以后，葫芦的名称变得更多，明代李时珍的《本草纲目》就记载了葫芦的七种名称：悬瓠、蒲卢、茶酒瓠、药壶卢、约腹壶、长瓠、苦壶卢。

之所以会有这么多的名称，是因为葫芦在这一时期的广泛应用。人们按照葫芦的用途、性质、形状等不同分别采用不同的称呼，但在广义上我们可以把所有的葫芦器统称为匏器。

匏器这个名称也是有历史依据的，早在《礼记·郊特牲》中，就有“器用陶匏，尚礼然也”的记述；汉代班固的《东都赋》里亦有“器用陶匏，服尚素玄”的记录。可见最初匏器多以实用性器物的形式出现。

匏器作为工艺品的形象最早出现在清代。如沈初的笔记小说《西青笔记》中写道“葫芦器，康熙间始为之”。再如谢肇浙在《长沙古物见闻记》写道：“余于市场戏剧中见葫芦多有方者，又有突起成字为一首诗者。盖生时板夹使然。不足异也。”可见当时匏器制作已经相当普遍。

由于皇家的重视，清代制匏工艺已臻精致，式样新奇。匏器由最早被宫廷用作盛水的工具，开始转变成为皇室贵族装饰把玩的必备之物。

清代康熙和乾隆两位皇帝对匏器的把玩，使得匏器工艺的社会属性与艺术属性紧密结合。在宫廷督造之下，“官模”匏器清朗典雅、风神别具。民间的匏器以北京、三河、徐水等地最出名。

清代康熙年间出现了笔筒、花插、蝈蝈笼、蛐蛐笼等鲜活有趣、姿态横生的匏器。加之火画、压花、刀刻等工艺日趋精湛，匏器也逐步具备了极高的观赏价值。像旧时北京流行的葫芦烟袋、葫芦制的鼻烟壶等都具有很高的收藏价值。

范制葫芦器的出现可以说是推动匏器最终走向繁荣的一个不可忽视的助力。范即指模子。范制葫芦器的制作原理是对葫芦进行“先天禁锢”再进行“后天加工”。

“先天禁锢”指在葫芦尚且幼嫩的时候，利用其可塑性高的特点，用模具抑制它的自由生长，让其按照指定的形态去生长。“后天加工”指对葫芦的外表进行雕刻、勒扎、拼贴、涂艺、彩绘、镶嵌、烙画、押花等。

匏器文化可以说是古代上流社会带动和发展起来的，特别是长期把玩之后，匏器更显古朴凝重，玩味十足。

翡翠

古人最早用翡翠一词来描述一种鸟。许慎在《说文解字》中标注“翡，赤羽雀也，翠，青羽雀也”。意思是说翡翠的名称源于一对鸟，红色羽毛的雄鸟叫作翡，绿色羽毛的雌鸟叫作翠，二者合称翡翠。

东汉班固在《西都赋》里写“翡翠火齐，流耀含英”以及东汉张衡的《西京赋》里提及的“翡翠火齐，络以美玉”中的“翡翠”指代的早已不是翡翠鸟，而是一种可以同时呈现红、绿、紫、白、黄、黑等多种色彩的玉石。因其美丽堪比翡翠鸟，人们便用翡翠二字赞美它。

翡翠原产自东南亚地区，在古代中国只有零星出产。在丝绸之路开通以前，翡翠还没有受到关注。经学者辨析，翡翠与中华民族结缘于明代，清代时翡翠文化开始流行。牛秉钺先生在《翡翠史话》里就曾提到：“周朝时有翡翠，汉朝时有翡翠。但

清晚期　翡翠雕观音立像

高72.4厘米×宽18.4厘米。

清　翡翠碗

高7.7厘米，直径18.4厘米。

是直到明朝末年还是罕见的宝物，翡翠制品在我国盛行，是清朝的事了。”

中国人为什么会喜欢上并非原产的翡翠呢？因为翡翠本身就是玉石的一种，它作为玉石的一种替代品，给了中国人和玉石一样的情感寄托。

古人普遍认为“穿金显富贵，戴玉保平安”且“君子以佩玉为美”。一方面中国自古有“君子比德于玉”的典故，翡翠玉石内敛含蓄的气质符合古代君子的绅士追求；另一方面玉石常被文人当作光明磊落、胸怀坦荡的象征，古人因此纷纷佩玉明志。

明朝中期翡翠的大量涌入与民间翡翠商人旺盛的珠宝交易有关。翡翠渐渐盛行开来，成为中原爱玉人士的最爱。

清朝时，宫廷内开始大量利用翡翠来装饰顶戴、帽子、朝珠、印章、玉如意等物。清朝中期乾隆皇帝攻打缅甸，赢得大量翡翠作为战利品。乾隆年间的一对“穿珠梅花”的盆景就用了46颗翡翠。

西太后慈禧也是极其喜爱翡翠之人，在她居住的长春宫里，随处可见翡翠玉器：翡翠盖碗、翡翠玉筷、翡翠耳钉、翡翠戒

清 翡翠水果盘

高7.9厘米；直径17.8厘米。

指，还有手腕上戴的冰种翡翠满绿手镯、手里把玩的翡翠白菜等。就连她死后身边还躺着两颗翡翠玉白菜和四枚翡翠西瓜，可见其喜爱程度。

那么翡翠商人是如何看准商机，将翡翠生意做得风生水起的呢？

这些商人巧妙地将翡翠的颜色与五行之说结合，使翡翠的神秘色彩更加丰满，促使一些玉石爱好者们纷纷进行翡翠交易。

商人们称翡翠的绿色属木，木居东方，象征生机。绿又与禄谐音，象征着高官厚禄，福禄无边。

红色属火，火居南方，代表热情洋溢。红色在古代是权力和鸿运的象征。

黄色属土，土在四方中央，代表着帝王。古代龙袍都是黄色，代表丰收和财富。

白色属金，金居西方，代表纯洁美好和无量前途。

黑色属水，水居北方，被认为最好。因为黑色说明龙气重，黑色本身属水，龙到处有水，越黑代表水越深；水深则民富，水浅则民贫。

对于古人来说，这样的宣传实在是太受用了。经由商人们的这样一宣传，翡翠不仅登入大雅之堂，开始绽放光芒，其价格也因此一路上涨，人们将翡翠的把玩当作一种高级的享受。

佛珠

佛珠，本称念珠，是佛教徒用以念经计数的法器。据佛经记载：

迦毗罗国释迦王族派一名婢女代替公主前去与憍萨罗国国王波斯匿王联姻。婢女与波斯匿王恩爱且二人生下了小毗琉璃。后来毗琉璃长大，一次他回到母族，却遭受族人侮辱，说他是婢女生下的贱种。这件事在他心里埋下了仇恨的种子，他发誓将来有天即位一定要报仇雪恨。

毗琉璃真的登上了王位，他决定攻打释迦族。在他行军的路上遇到了枯树下静坐的佛陀。毗琉璃王问佛陀：“您为何不去前面枝叶繁茂的大树下面乘凉呢，这棵树不是都已经枯萎了吗？”佛陀看了他一眼，答了八个字：“亲族之荫，更胜余荫。”说完佛陀便闭上眼睛一心静坐。

毗琉璃王重新回到队伍里，脑海里一直回想着佛陀的话，他似乎明白了佛陀的暗示，下令撤兵。在回国的路上，他又遇到佛陀，

清 蜜蜡朝珠

清 金刚子数珠

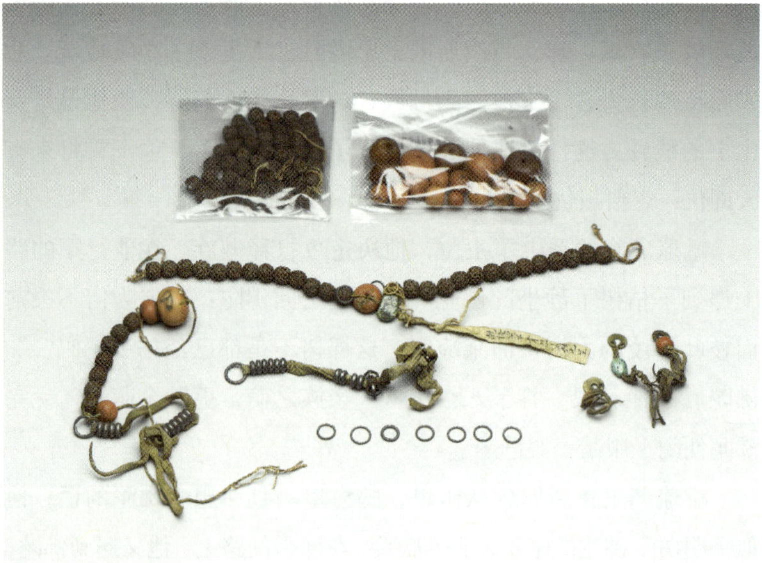

清　念珠

嘎布拉数珠

清乾隆四十五年八月初七日班禅进。西藏作品。人骨数珠共一百一十颗，二琥珀、二珊瑚为其佛头，青金石作为佛头塔。

清 嘉庆 东珠

由一百零八颗东珠串成，配饰为绿松石、青金石、珊瑚、碧玺等。

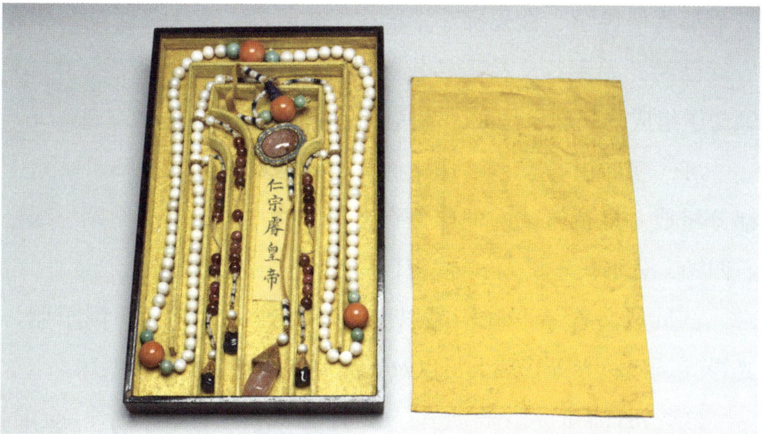

佛陀怜悯毗琉璃王的过去，便对他说若想摆脱烦恼仇恨，只需将无患子串成佛珠时刻戴在身上。

毗琉璃王遵照佛陀指示，命人打造无患子佛珠，并一刻不离身地戴在身边，果然大有裨益，从此佛珠便流传开来。

那么佛珠是从什么时候开始传入中国的呢？学者普遍认为在汉晋之际，佛珠随佛教一起分别经由西域和海上丝绸之路传入我国。当时西域与内地联为一体，受益最多的便是丝绸西去，佛法东来。

隋唐时期亦不乏对佛珠的描绘和记载，其中敦煌《禅门十二时》称“日入酉，观身知不久。念念不离心，数珠恒在手”；隋唐的《续高僧传》中讲“人各掐珠，口同佛号”；《正统道藏》中云“葛孝先初炼丹时，常以念珠持于手中，每日坐丹炉边常念玉帝全号一万遍”；现藏于云南昆明的唐代罗汉像中出现了手持或项挂佛珠的尊像等。

佛珠在清朝时受到前所未有的重视，究其原因是清朝的众位皇帝都笃信佛学、喜爱佛珠。早在努尔哈赤、皇太极时期清朝政府就已经开始奉行支持藏传佛教的政策。自康熙帝以后，由 108 颗珠子组成的朝珠更是成为清宫服饰的标准饰品。

清代朝珠由身子、结珠、佛头、背云、纪念、大坠、坠角七部分组成。皇帝佩戴的朝珠分青金石、琥珀蜜蜡、红珊瑚、绿松石四种，分别代表了天、地、日、月。

官员凡文五品、武四品以上，军机处、太常寺、国子监、光禄寺、鸿胪寺等管理人员以及五品命妇以上才能挂用朝珠。

这些朝官们的朝珠材质有：东珠、蓝晶石、翡翠、玛瑙、金珀、琥珀、迦南香、菩提子、檀香、沉香木、椰子木、象牙、牛角等。

在民间，佛珠按佩戴的不同可分为三类：持珠、佩珠和挂珠。

持珠又叫会珠或提珠，捻在手中，用于记录念出的佛号或咒语的数目。长久佩戴可以约束身心，帮助修行，消除欲望，增加智慧。

佩珠又叫年丰或戴珠，戴在手腕或手臂上，俗称手串。戴手串是为向佛祖表露善根，以此来获得佛祖的祝福。根据手腕粗细一般有 14、16 或 18 颗珠子，款式颜色相对明亮艳丽。

挂珠又叫法师珠，挂在脖子上，也可以缠绕在手臂上。佩戴时一般考虑季节性：夏季宜选用水晶、玛瑙、翡翠等清凉宝石类，冬季则适宜选琥珀、蜜蜡等温润果木类。

佛珠按品阶可分为上中下三品：上品佛珠有 1 080 或 108 颗珠子，含 108 颗以下；中品佛珠有 54 颗珠子，含 54 颗以下；下品佛珠有 27 颗珠子，含 27 颗以下。

佛珠按结构可分为单组佛珠和复组佛珠两类：单组佛珠，由一颗母珠和其他规定不同数目的子珠构成；复组佛珠，除母珠和子珠外，还有隔珠、弟子珠和其他饰物。

对于信徒们来说，佛珠的圆形寓意着圆满无畏、完美无缺，是告诉我们每个人都有圆满无缺的智慧和功德，只是因为一些不必要的烦恼业障将其掩盖住，不能显现罢了。

第三节　皇家『下五玩』

紫砂壶、折扇、烟具、笼鸟、鸣虫，是皇家『十玩』中的『下五玩』。紫砂壶玩的是和气，折扇玩的是雅致，烟具玩的是风度，笼鸟玩的是乐天，而鸣虫玩的是知足。

把玩之中，把玩者的个性会与把玩物的特性『激烈碰撞』，究竟谁能取得最后的胜利，每个把玩者都会得到自己的答案。

紫砂壶

紫砂壶因原产地在江苏宜兴，故又名宜兴紫砂壶。据史料和考古的双重考证，宜兴紫砂壶起源于宋代。

当时人常称紫砂壶为砂罂、紫泥、紫瓯等，如北宋诗人梅尧臣诗中就有“雪贮双砂罂，诗琢无玉瑕”和“小石冷泉留早味，紫泥新品泛春华”这样的诗句；又如欧阳修诗中出现过“喜共紫瓯吟且酌，羡君潇洒有余情”的描绘等。

紫砂壶的起源和兴起，据说还与宋代文学大儒苏轼的一段故事有关。

宋代，嗜茶成瘾的苏东坡晚年不得志，他便搬离皇城，在蜀山脚下的凤凰村过起了归隐生活。凤凰村盛产素来负有盛名的“唐贡茶”，又有玉女潭、金沙泉两处好水源，还有制作“海内争求”的紫砂壶工匠，苏东坡在此处生活得好不惬意。他偏爱喝紫砂壶烹制的茶饮，便和当地的工匠们整日混在一起，想要按照自己的

紫砂壶

紫砂壶因原产地在江苏宜兴，故又名宜兴紫砂壶。它的起源可追溯至宋代，而宋代之后紫砂壶因其透气性好、泡茶能保留原汁原味而逐渐成为喜茶人的最爱。经由两宋文人的把玩，在器用及欣赏方面都日趋完善，发展至明清，已逐渐成为一种悠闲雅致的象征，而且紫砂壶越养越有灵性，用得越久色泽就越亮，这就意味着其收藏价值和观赏价值颇高。我们特选一组紫砂壶的图像让大家欣赏。

▼ **天茶星壶**

明万历年间，李仲芳制，壶型扁圆，壶钮为花蕾状，提盖时不易滑落。底印：（楷书）仲芳。高6厘米，口径7厘米。此壶以天青泥制成，天青泥极罕见，民国时期就已绝迹。李仲芳是李茂林之子，时大彬第一高足，明代制壶『三大』之一。（明代制壶『三大』：时大彬、李仲芳、徐友泉）。

▲ **供春壶**

明，周骁制。壶身似树皮纹路，蕴含自然之美，做工精巧，同时又具有一种饱经沧桑之感。

华凤翔款粉彩汉方壶

清康熙至雍正年间制，底印：荆溪华凤翔制。高16.6厘米，口径：6厘米。华凤翔善仿古器，此壶以紫砂为胎，外施黄、绿、蓝三色彩釉，古雅中透出秀美。

心意制作一把茶壶。

一天夜里，他的书童提着灯笼给他送点心。苏东坡看见灯笼突发奇想，不如就造一个如灯笼一般方便提携的紫砂壶。他连夜把壶造了出来并为其取名为提梁壶，后人简称提苏。提苏壶的壶身呈灯笼状的圆形，提梁三叉分立，呈扭曲枝干状。壶身整体圆纯端庄，简巧虚空，充满了野趣和乡韵，满足了文人们想要回归自然的审美情趣。

自宋代之后，紫砂壶逐渐成为喜茶人的至爱。古有爱茶人都爱紫砂壶的说法，那么紫砂为何如此备受宠爱呢？文震亨在《长物志》中说：“茶壶以砂者为上，盖既不夺香，又无熟汤气。”

花款　黑底绿釉粉彩

清康熙至雍正年间制，底印：花款。盖印：两个叶形款。高14厘米，口径10厘米。此壶底通体满釉，黑釉为底，绿彩龙见首不见尾，造型生动、夸张，是难得一见的珍品。

花款　粉彩开光山水诗文提梁壶

清康熙至雍正年间制，底印：山水款。高16厘米，口径9厘米。此壶粉彩，通体施淡蓝、绿釉，一面为彩釉山水，另一面为唐王昌龄《芙蓉楼送辛渐》诗文：寒雨连江夜入吴，平明送客楚山孤；洛阳亲友如相问，一片冰心在玉壶。

彩绘三足金蟾壶

清康熙年间制。高 14 厘米，口径 13 厘米。此壶泥色深紫，壶身两面彩绘山水，色彩淡雅，充满诗情画意。壶身椭圆，身、把、流均为竹节状，钮为一只憨态可掬的三足金蟾，古意盎然。蟾三足稀而罕，主财、避邪，亦喻招财进宝之意。

这段话的意思是说紫砂壶透气性好，其冲泡的茶水能保留原汁原味，即使久置不用也不会有难闻气味。这是由于紫砂壶壶壁多孔，且气孔微细、密度高，从而保证壶内的香气不涣散。

与此同时，紫砂壶采用的泥土，有土质细腻、含铁量高的特点，用这种泥土造出的紫砂壶具有良好的吸附茶汁的效果。长期使用更会使壶内壁积聚很多“茶锈”，这些“茶锈”不但不需要刷洗也没有异味，还会增添茶的香气。

经由两宋文人的把玩，紫砂壶在器用和观赏方面都日臻完善。到了明清时期，紫砂壶简直已经成为一种悠闲雅致生活的象征。与此同时，加在紫砂壶身上的文化符号也越来越多。明《阳羡茗壶系》上有这样一段记载：“金沙寺僧，久而逸其名矣。闻之陶家云，僧闲静有致，习兴陶缸翁者处，抟其细土，加以澄炼、捏筑为胎，规而圆之，刳使中空，踵传口、柄、盖的，附陶家穴烧成，人遂传用。”意思是，金沙寺僧人因经常与陶瓮相处，习得制陶技艺，某日突发灵感，创作出新型壶具，被认为是阳羡茗壶的前身。

后来有说书童供春跟随宜兴解元吴颐山在金沙寺小住，习得金沙寺和尚的紫砂技法，制成了早期紫砂壶。在供春之后还陆续出现了不少紫砂名家，如时大彬、李仲芳、徐友泉、陈用卿、陈仲美、沈君用等，他们都推动了紫砂在明代的发展，并奠定了紫砂壶三大壶式——筋斗型、自然型和几何型——的基础。

到了清代，官方对于紫砂壶的喜爱让它更加流行了。清代紫砂壶的发展有三个不同的时期：康熙时期、雍正时期和乾隆时期。

这三位皇帝就是紫砂壶的“粉丝”。自古有言“上有所好，下必甚焉”，有了皇帝的背书，紫砂壶岂有不流行的道理？那么，这三个时期的紫砂壶器有什么不同的特点呢?

康熙时期，康熙皇帝喜欢大气、宏伟的珐琅彩，于是珐琅技术就被移植到紫砂壶的制作工艺里，如宜兴胎画珐琅万寿长春海棠式壶。

雍正时期，雍正皇帝喜欢淡雅清新、不入妍媚、古朴雅致的天然泥色，如宜兴窑紫砂柿蒂起花扁壶。这一时期的紫砂壶多重视紫砂泥料的材质美，不过分追求装饰美。

乾隆喜欢繁复、缛丽的釉彩，他不惜投入大量经费为紫砂壶增设复杂的装饰工艺，如黑漆描金吉庆有余紫砂胎茶壶，此一时期的紫砂壶大多工艺精湛，装饰富于变化，且其单在造型方面就有“方非一式圆不一相”的说法。

据说紫砂壶越养越有灵性，一般的用具都是越用越旧，而紫砂壶却是用得越久，色泽越亮，气韵越佳，观赏价值越高。

古董鉴赏家马未都曾言：“收藏紫砂壶的最高境界，不只是交易，更是在交心”“收藏紫砂壶要先会享受文化，超越‘物役’‘物累’，走入收藏化境”。

折扇

古人赐予折扇很多爱称，如“腰扇”“聚骨扇”“聚头扇”“櫂子扇”“搯扇”等。

关于折扇的母文化人们说法不一。有的说高丽使臣曾以折扇作私礼献给了我国官员，如北宋郭若虚的《图画见闻志·高丽国》称：“彼（指高丽）使人每至中国，或用折叠扇为私睹物（私人会见的礼品），其扇用鸦青纸为之，上画本国豪贵，杂以妇人鞍马，或临水为金沙滩，暨莲荷花木水禽之类，点缀精巧，又以银泥为云气月色之状，极可爱。”

还有的说日本在战争时期便以折扇做军用武器指挥战斗，平安京时期折扇被贵族妇女藏于袖中用于掩面，后来日本折扇通过商道传入中国。如北宋徐兢的《宣和奉使高丽图经》写道：“画折扇，金银涂饰，复绘其国山林、人马、女子之形，高丽人不能之，云是日本所做。”

但不管折扇的起源如何，它的文化早与我国古人的把玩文化融为一体。我国把玩折扇发轫于汉末晋初，有两则史料可以证明。

一个是汉末晋初陆云在《与兄平原书》中写道："一日案行并视曹公器物、床荐席具，有……扇如吴扇、要扇亦在"；

另一个是南北朝张敞在《东宫旧事》中提到："皇太子初拜，供漆要扇、青竹扇各一。"史料中的曹公指曹操，皇太子指晋代某位太子，要扇指折扇。

折扇在唐宋时期的流行要归功于文人雅士在其上面挥洒的翰墨。唐宋时期诗歌和绘画高度发展，赋予了折扇很高的艺术欣赏价值。

到了明清时期，先是有永乐皇帝朱棣，命工匠大量制造折扇并将其作为礼物赏赐下官近臣，在朝廷上下掀起一股折扇热，使折扇演变为一种文化符号。

后有爱新觉罗·玄烨、爱新觉罗·胤禛、爱新觉罗·弘历、爱新觉罗·载湉等皇帝亲自在折扇上面御笔题诗、作画，将折扇的把玩收藏推向顶峰。

在诸位皇帝的影响下，上至皇宫府邸，下至乡里民间，无处不见折扇的身影。一大批书画家如仇英、沈周、唐寅、董其昌等，都留下了不少优秀的折扇作品。

古人如此厚爱的折扇到底有何与众不同呢？

在折扇出现以前，我国传统的扇子都是又大又平，没有褶皱。而像折扇这种即开即合，轻巧玲珑，不用时便可放入袖中，方便携带的新奇之物，自然是一出现就备受追捧。

折扇以竹木、象牙为骨，以韧纸、绫绢为面，扇骨长不盈尺，

▲清　象牙彩绘人物折扇

高28厘米，宽52.8厘米，画面绘制的人物和花纹图案栩栩如生，生动活泼，实属当下珍品。

▼清　珍珠母布里迷

高18.7厘米，宽33.5厘米。工匠雕刻技术精湛，扇子的做工精细，展开扇面是一幅动人的画作，画中人物精致生动，是难得的艺术品。

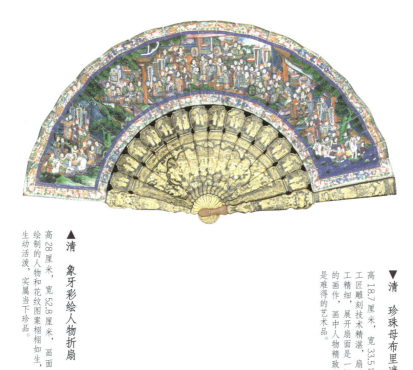

明 仇英所绘 成扇

仇英，被称为中国明代著名绘画大师，且与沈周、文徵明、唐寅并称『明四家』。擅长画人物，绘画水平一流，而且水墨、白描也不在话下，《汉宫春晓图》《桃园仙境图》《赤壁图》均是其代表作。

采莲 成扇
19.4厘米×58.5厘米。

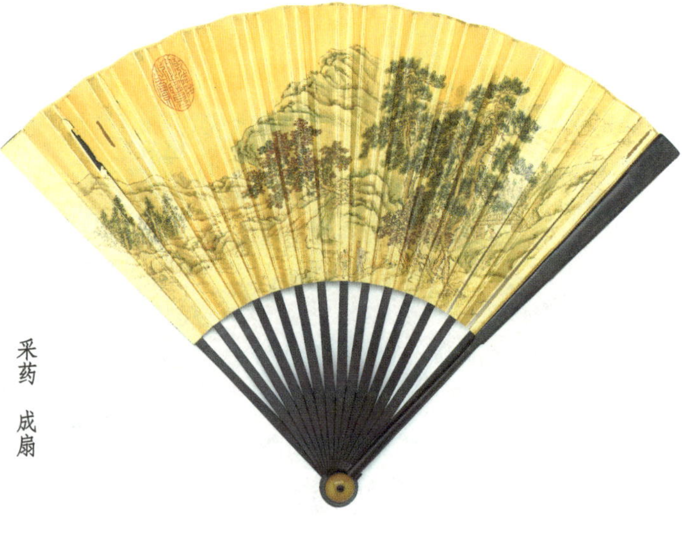

采药 成扇
19.4厘米×58.5厘米。

观书图　成扇
19.4厘米×58.5厘米。

松阴独坐　成扇
19.4厘米×58.5厘米。

采莲 成扇

19.4厘米×58.5厘米。

宽不成寸，张开之时成半规形。扇骨有大小骨之分，大骨称“大边”，小骨称“心子”。

我们知道古代的1尺≈33.33厘米，而折扇的长大约为30厘米，所以就有了“长不盈尺”的说法；同样古代的1寸≈3.33厘米，“宽不成寸”则说明折扇闭合之时宽约3厘米，足以见其精巧。半规形则指的是展幅在60度、90度、135度或180度的梯形或半圆形。

文人使用的扇骨最常用的材料是竹子，有斑竹、玉竹、棕竹和罗汉竹等，其中斑竹又可分为湘妃竹、凤眼竹和梅鹿竹。竹子素雅坚韧的特性与文人身份最贴合。

御制扇骨则常采用紫檀、象牙、乌木、广漆、菠萝漆、嵌金银丝、嵌螺钿等制作。骨身常常雕有正龙、侧龙、百龙、百鹿、百鸟等。御制扇骨最是讲究高端、大气、上档次。

折扇的扇面有白色扇面和有色扇面之分。

白色扇面亦称“素面”，其中质量最优、工序最繁杂的当属老矾面。老矾面最适合书画，是书画家们的最爱。

有色扇面可以有丹青、古铜、煮硅笺、清水笺、云母笺、金花笺等多个花色品种。其中金面最是讲究，有贴满金箔的泥金笺，还有粘着金箔碎屑的冷金笺。

扇面的材质一般以纸料扇面为主，也有用绢和纱的。普通的纸质扇面要求低一些，只需久用不裂即可。高档纸质扇面则采用宣纸为面、皮纸为衬、连四纸为芯的更为牢固的三层设计。

古人把玩折扇会为之配备成套的器具，如扇坠、扇架、扇套、扇盒等，以求增添整体美感，并对折扇起到一定保护作用。

扇坠质地有迦南、沉香、白玉等，都是上品材料，还有琥珀、蜜蜡等下品材料。再用丝制或金制的绳与扇骨连接。

扇套多采用绸缎，并在套面绣上花鸟、如意、福禄寿、暗八仙等图案，在套口处穿上好看的珠子和丝带。

扇盒的材质一般有红木、檀香木、黄花梨木、陶瓷、玳瑁等，盒底则采用樟木来达到防虫的效果。

对于古人来说折扇是身份的象征，不过，不少平民百姓将其用来扇风纳凉，盘摸把玩；不用时便将折扇放入扇套、扇盒挂于家中，起到镇宅的效果。

尤其在“求新异变”的新思潮影响下，折扇本身及其成套的器具一并成为古人手中的把玩对象。古人坐而论道，在一起评论着折扇及其器具的工艺与内涵。

烟具

烟具近年来在古玩市场中很走俏，且售价不菲。其中我国古代的鼻烟壶一直是被收藏家们垂青的高档艺术品。

鼻烟最初运来中国的时候，是用西洋烟瓶盛放的，而并非后来意义上的鼻烟壶。这种随鼻烟一同舶来的西洋烟瓶，其实就是一种磨砂玻璃瓶。其体积较小，仅能装一两多鼻烟。据说意大利传教士利玛窦进献给万历皇帝的鼻烟，就装在这种西洋玻璃瓶里。

后来，西洋鼻烟瓶越做越大，有的瓶子能装一斤多鼻烟，最小的瓶子也能装四两。因其体积太大，携带起来十分不便。

于是，我国古人就将鼻烟放入我们自己做的药瓶子里。在古代，国人习惯把一些名贵的药材放进瓷质的瓶瓶罐罐里，于是这些小瓶子在当时都被称为药瓶。

《古玩指南》有云："鼻烟初入中华时，并无另外特别使用之烟壶。遂多利用旧药瓶以盛鼻烟"，恰恰印证了我国古人用药

清　鼻烟壶

海蓝宝石，玫瑰石英塞。高6.7厘米。

▲清　乾隆鼻烟壶

海蓝宝石，电气石塞。高7厘米。

▶清　鼻烟壶

海蓝宝石。高7厘米。

瓶盛放鼻烟的史实。

到了清代，吸鼻烟的人越来越多，对鼻烟容器的要求也越来越高，这样专用的鼻烟壶不仅诞生了，还受到上至帝王贵胄、下至黎民百姓的一致好评，可谓“集万千宠爱于一身”。

康熙、雍正、乾隆三位皇帝都对鼻烟壶宠爱有加。

康熙为了它又是在清宫立造办处，又是在民间设厂，还特邀西洋玻璃匠、珐琅匠到宫廷传授制壶技巧。

雍正奖赏“画飞鸟宿食雁珐琅鼻烟壶”的制作者谭、邓每人二十两银子，其余工匠每人十两。

乾隆对鼻烟壶的制造更是热心不已，还亲自指导说：“鼻烟壶上的花卉画得甚稀，再画时稠密些，俱各落款。”

鼻烟壶经常作为皇家礼物馈赠外宾。清内务府档案记载：“康熙五十九年，十二月初五日，西洋使臣嘉乐，进献教王所贡方物，上赐嘉乐鼻烟壶一个”；嘉庆皇帝也曾在平定白莲教农民起义的时候，将鼻烟壶赏赐给立功的官兵将领。

皇家的推崇，使鼻烟壶身价倍增，达官显贵、商贾名流无不争相搜罗好的鼻烟壶，相互观赏，相互把玩，以资炫耀。大贪官和珅被抄家时，光鼻烟壶就抄出 3 000 多个。

鼻烟文化对于我国国民来说，是外来文化在我国本土的延伸。就整体来说，我国本土的烟具文化历史十分久远。

据张燮《东西洋考》所载：“烟初入内地，食者将草置瓦盒中点燃之，各携竹管吸烟，群聚吸之其管不用头。”也就是说最开始国人吸烟使用的是竹管。

但之后随着烟草的广泛传播，我国古代人民在吸烟的过程中不断对吸食的用具和方法进行创新和改进，且南北地区各有不同。

我国古代南方人多将旱烟切成丝，而北方人则是习惯将旱烟揉碎，二者虽然都是用烟袋将旱烟摁在烟锅里面抽，但不同的是南方人的烟锅子里有水，烟在水里过滤后减少了有害物质再吸入肺里，因此南方的水烟袋较之北方的旱烟袋更为健康卫生。但水烟袋要保持洁净，抽起来才香，每天涮水烟袋就很费事。

旱烟袋是相对水烟袋而言的。我国古人发挥聪明才智，将美洲印第安人吸烟用的烟管与欧洲人吸烟用的烟斗两种烟具结合起来发明了“旱烟管”“旱烟袋”“吹吹烟管”“瓢儿脑壳”等的杆状烟具，这些在烟具史上统称为旱烟袋。

靠近山区的烟民，常取扭成麻花状的藤条做成的烟杆，在藤条两端安上烟锅和烟嘴。这种烟斗既可用来吸烟，也可用来拨草探路、驱赶野兽、肩挑重物、充当拐杖等。

对于旱烟杆的纹饰，平民百姓并不十分讲究。但在上层社会，经过工匠们的加工雕刻或用金银、玛瑙、玉石点缀之后，朴实无华的烟斗变成了主人们爱不释手的把玩件。

在我国，鼻烟壶与烟袋几乎是同一时间被使用的，这些古老的随身之物已成为一种文化的承载物，具有一定的收藏价值。

笼鸟

中国鸟类有 1 244 种，其中可供观赏把玩的鸟类有 100 来种，是世界上鸟类品种最多的国家。我国古人观赏把玩鸟的历史十分悠久，早在《诗经》《尔雅》《禽经》中都有鸟类生活习性以及饲养方法等相关记载。

唐朝时勋贵饲养鹦鹉者不胜枚举，《开元天宝遗事》中有这样的描写：

唐朝长安城里有一杨姓富豪被人害死家中，地方官员到他家中勘察时，杨氏饲养的鹦鹉不停嚷着一个李姓的名字，经调查得知李姓乃是杨氏的邻居并且也是害死杨氏的罪魁祸首。这件事被唐玄宗知晓后，他立刻差人将鹦鹉带入宫中奉养，并亲封它为绿衣使者。

当时人称："秦陇州缘鹦鹉贵，王侯家为牡丹贫。"意思是说唐人爱养鹦鹉，当时的陇州地区产的鹦鹉体态优美，价值连城，

五代宋初　黄居寀绘《梨花鹦鹉图》

成为画工诗人们都乐于表现的题材。唐代诗人来鹄写过一首咏鹦鹉的诗“色白还应及雪衣，嘴红毛绿语仍奇。年年锁在金笼里，何以陇山闲处飞”；西安出土的唐代“镶绿松石螺钿鹦鹉纹铜镜”因细致精巧、形象生动，被誉为“中国最美铜镜”。

北京话里有个歇后语叫武大郎养夜猫子——什么人玩儿什么鸟。唐人李白就与众不同，他不爱鹦鹉偏爱白鹇，据说李白驯鸟已经达到了“就掌取食，了无惊猜”的高超境地。

到了宋代，经济文化、思想科技高度发展，玩风盛行，百姓饲养百灵鸟、鸽子、画眉等已是普遍。宋神宗第十一子赵佶为子民们起了很好的带头作用，他在宫里养了许多珍禽异鸟，供自己写生和赏玩。

他在《五色鹦鹉图》中所画的鹦鹉就是当时宫廷御园中饲养的异国珍禽，据说是来自“岭表”的贡品。岭表指今广东、广西、海南三省区以及越南北部地区，在那里五色鹦鹉被人们视为智慧之鸟，赵佶称它们为“瑞雅”。

赵佶的儿子赵构也继承了老爹的优良传统，不过他除了喜爱鹦鹉外，还喜欢养鸽子，当时有位书生曾写诗暗讽他：“鹁鸽飞腾绕帝都，暮收朝放费工夫。何如养个南飞雁，沙漠能传二帝书。”

明代笼养鸣禽已经上升为一种文化现象，民众里形成了固定养鸟的人群，这些人每天早晨到树林里遛鸟、斗鸟。宫廷里专门设有御用监禽鸟房和专门负责养鸟的校尉。

明太祖朱元璋喜欢在处理政务之余，去听一听画眉的啼叫，舒缓身心。另外他为了便于管理，要求子民不得更换职业：铁匠的后代只能打铁，裁缝的后代继续做衣服，皇族的后代什么都不必做，这造成了朱家后辈们大多无所事事，只会遛狗养鸟斗蛐蛐。

清朝中期时提笼架鸟已成风尚，那时有童谣唱道：“贝勒爷手中有三宝，扳指、核桃、笼中鸟。”清代将玩鸟的一应器具如笼顶、笼架、笼钩、笼门、笼圈、盛屎板、晒杆、水缸等都做得很精细。

在玩鸟儿的行当里有“生玩毛色熟玩口”的说法，养鸟主要是听音，其次才看相貌，体现了玩鸟人高档的生活乐趣。

鸣虫

鸣虫文化是我国传统文化的一个分支。

鸣虫，指善鸣叫的一类昆虫，种类很多也很杂，但用于玩赏的鸣虫一般只有蝈蝈、蛐蛐、油葫芦和蛉子这四类。

《诗经》里曾写道："五月斯螽动股，六月莎鸡振羽。"其中斯螽、莎鸡都是蝈蝈的代表，而"动股""振羽"也都是它们发声的方式。

自《开元天宝遗事》中关于深宫女眷以小笼子养鸣虫排遣幽怨、打发青春的那段记载开始，这些小小的鸣虫逐渐成为人们精神娱乐的对象。

随着闺中赏虫的人越来越多，养虫便成了一项产业。长安城内有一个叫"仙虫社"的地方，是古代最早的"玩虫俱乐部"。

人们在玩赏的过程中发现鸣虫好斗的脾性，于是从唐代开始斗蛐蛐或斗蟋蟀便成为一种赌博性娱乐活动，古人把这种活动叫

清代陈锦堂制压花葫芦蝈蝈笼

苏州博物馆藏。

作“秋兴”。宋代时“秋兴”已趋于平民化。

宋代《西湖繁胜录》里“促织盛出，都民好养”一句中，促织就是指蛐蛐或蟋蟀。因为玩的人太多，街市上专门开设促织市场，还出现了专门靠饲养和贩卖促织发家致富的商人。这恰恰证明宋朝朝野内外玩赏鸣虫的风气繁盛，有着“万金之资付于一啄”的架式。

南宋宰相贾似道专门编撰了一本《促织经》，告诉人们挑选促织时，以促织身体颜色判断其战斗力强弱的16字妙招：白不如黑、黑不如赤、赤不如黄、黄不如青。

明清时期斗虫之风更盛，明代宣德皇帝朱瞻基因喜爱斗蟋蟀，被世人称作“促织天子”。清军入关后，满族子弟每逢秋季就在京师架起棚厂，开始斗虫大戏。一时间，北京城竟成了一座以蟋蟀殴斗争夺胜负的赌城。

所谓玩虫一秋，玩罐一世，随着养虫斗虫的盛行，虫具的收藏和把玩也跟风而起。最早养蟋蟀的器物出现在北宋末期。在虫具叫法上南北各有不同，北方称“罐”，南方称“盆”。

明朝晚期的巢鸣盛以葫芦器蓄养鸣虫，开启了制作葫芦虫具的先河。但是葫芦虫具因保温性良好只适合豢养冬虫。按葫芦虫具的制作方法可粗略分为本长、勒脖、研花和范制火绘。葫芦虫具有两处传神的设计：一处是盖，相当于虫具之门，虫入而合，虫出即开；一处是蒙芯，相当于窗口，蒙芯不仅有通气传声的使用价值，其本身还是具有鉴赏价值的微型雕塑。

这些虫器的设计与我国“天有时、地有气、材有美、工有巧”的造物思想极为吻合，丰富了古人的生活。

第四节 万物皆可『把玩』

如果将把玩的范畴进一步扩大，跳脱出『皇家十玩』的框架，我们会发现『世间万物皆可把玩』。扳指、手炉、香囊、铜镜，这些可以攥在手中的物件，都是古人的把玩器物，一些人更是玩出了自己独有的乐趣。

扳指

古代男子的首饰，最常见的是玉佩和腰带。而另外还有一件，从商周时代开始整整风靡了几千年，它就是扳指。特别在清朝，扳指的流行达到了顶峰，其中清朝历代皇帝都是它的“粉丝”。

扳指在古代叫作韘，最早是古人射箭专用的护具，用来保护手指的。玉韘的形制在各个朝代有所不同。

譬如商周时期出土的玉韘形状呈坡形，有弦槽和眼孔，是拉弓射箭时佩戴的实用护具。

汉代还出现了一种带柄状凸翼的玉韘，专门用于扣住弓弦，分减手指承受的拉力。

宋代仿制了汉代的扳指，形式开始多样，多出片状扳指和矮桶状扳指等。

到了 17 世纪左右明朝灭亡清朝入关，扳指便由实用器逐渐转变为象征满族男子身份地位的首饰。满族人素来擅长骑射，对扳

清乾隆　瓷扳指

瓷胎，上下口缘饰一圈金彩，外壁施黄绿色釉，绘有多色番莲花叶纹饰。此器一式二十件，同储于木匣中。

◀ **清乾隆　雕犀角嵌银丝扳指**

深棕色犀角扳指，扳指正中饰四银色双圆圈，分别写有『乾』『隆』『年』『製』四金字。四周有金、银色几何纹图案和银色神兽图案。

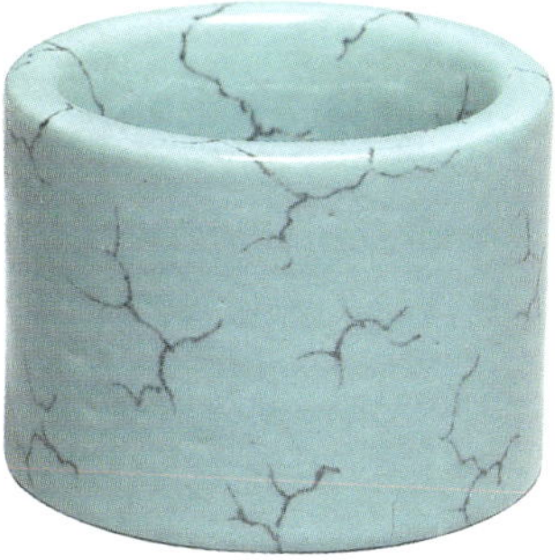

▲ **清乾隆　松石绿釉扳指**

瓷扳指，外壁施以松石釉模仿天然石材肌理。本器一式十件，同储于木匣中。

▼ **清　伽楠木嵌珠金里扳指**

伽楠木材质扳指，壁内镶金，外部刻『受命永昌』四字，嵌米珠；上下口缘各一圈米珠。此件原收入百什件中。

▶ **清乾隆　象牙嵌金银丝扳指**

象牙质扳指，外壁周围镶饰金银纹饰，上下口缘饰一圈金色细纹；中为兽面纹，旁边刻有圆形浅凹槽。

◀ **清　金星玻璃扳指**

圆柱形玻璃扳指，棕色玻璃料加金粉模制而成，色泽自然，犹如天然石质肌理。

清乾隆　瓷扳指

瓷扳指，外壁施以黑色绿色彩釉模仿天然石材肌理；壁内写有朱红色篆书『乾隆年製』四字。

指十分重视，几乎人人佩戴。因此满族人认为扳指上面承载着他们的尚武精神，即便入关以后很多人不再习武，也依然保持佩戴扳指的习惯，时刻提醒着自己不要忘记祖训。

最早满族人的佩戴扳指，是用鹿骨制成的圆柱形扳指。入关后扳指被逐渐分出等级：等级最高的扳指自然是皇帝的御用扳指，相当于现在的限量版高级定制；御赐扳指次之，多为各地官员以及附属国的贡品，再由皇帝分赏下来的带有地域特色的扳指；然后是王公贵胄们刻有私印的私人定制的扳指；再往下才是平民佩戴的白玉或象牙扳指。

御用扳指到底有多高级呢？从清宫造办处的运作模式管窥，每次造办处要制作御用扳指的时候，都要先请示皇帝，派玉作、牙作先打个样，呈给皇帝看，经皇帝修改确认才正式投入制作。乾隆皇帝有次为造一枚满意的扳指折腾造办处接连改了 7 次。

这说明扳指不仅为清朝工匠们的倾心制作，更集中体现了扳指主人的气质爱好、理想品位等。自康熙帝之后，扳指有了文武之分，增添了几分玩赏的趣味。文扳指在外壁铸有诗句和图案；武扳指外壁是素面，没有花纹。

现代医学认为，扳指的佩戴可以刺激手指上的多个穴位，达到明目、润肺、止痛等奇效。

在我们的拇指上有三个能够改善眼睛及眼周一切症状的穴位，它们是明眼穴、凤眼穴和大骨空穴。戴上扳指以后，扳指的外缘恰好对准了这三个穴位，只要每天旋转几分钟，就可以达到缓解疲劳和明目的作用。

扳指戴在拇指上，拇指走肺经，佩戴着便可以通过旋转扳指来疏通肺经。扳指刻面光滑，按压穴位时能够保证力度均匀，用扳指按压合谷穴被认为是古代皇帝抑制头疼的有效方法。

由此可见，古人把玩扳指不仅为了美观好看，还有激励古人勤勉不忘祖训，调节视力、抑制疼痛等养生功效，充分展现了古人的聪明才智与精神趣味。

手炉

古代的冬日没有空调也没有暖气，人们由一开始傻傻地用身体硬扛，到逐渐开动脑筋搞些小发明小创造让自己不再那么惧怕寒冷。

远古时期的先民们取暖的办法特别简单，就是点燃火堆。后来他们又学会了在陶器中保存火种，用来抵御严寒。

春秋时期开始使用燎炉，泥制火盆和熏炉也比较常见。后来陆续出现了手炉、脚炉、汤婆子等。

其中手炉的出现解决了古人冬日私塾读书或外出访友的一大难题。据民间传闻，手炉的发明与隋唐时候一个叫许伍的江都县官有关。当时的统治者隋炀帝开凿运河，不远千里，于深秋时节南下扬州。许伍为讨好隋炀帝，担心他受风寒，命匠人赶制一副手炉为隋炀帝取暖。隋炀帝十分喜爱，双手捧着手炉一边赏花一边把玩。

清　太平有象手炉

由珐琅釉、铜制成。13.5厘米×16.5厘米×16.5厘米。

清　铜太平有象图手炉

长19.5厘米。『太平有象』是中国传统题材，《汉书王莽传》：『天下太平，五谷成熟』。此炉铸造细致，造型端庄，材质上乘，为佳美之器。

许伍发明的手炉尺寸大概在十几厘米，其实就是圆形或椭圆形的缩小版的火盆，制作并不难，但当时的人们很喜欢它，于是匠人们纷纷仿制低配版的泥手炉。

手炉可以捧在手掌心里。如果不想拿着，直接放进袖子里也很方便。

《辞海》中说：“冬日暖手的小炉，多为铜制。”所以一般称作“铜手炉”，也作“袖炉”“火笼”“捧炉”。

唐代时少数官宦人家才开始使用铜制手炉“熏衣炙火”。当时的手炉器型呈方、圆二式，由炉身、炉底、炉盖、提梁构成。宋代时火炉走进寻常百姓家中，成为取暖用具，当时手炉的材质多为青铜，少数用银、瓷、铁制成。

明清时期人们将香料随炭饼一并放进炉内，一炉两用，既可取暖又可熏香。

《遵生八笺》里有一段细致的描绘:“焚香携炉，当制有盖透香，如倭人所制空罩盖漆鼓熏炉，似便清斋焚香，炙手熏衣，做烹茶对客常谈之具。今有新铸紫铜有罩盖方圆炉，式甚佳，以之为袖炉，雅称清赏。”

古人很重视冬日焚香。清代焚香手炉不仅成为宫中“暖阁”中的常备单品，还摇身一变成为具有极高观赏价值的把玩艺术品。明清的皇宫中已有“暖阁”：殿内的墙壁被设计成空心夹墙，墙下挖出火道，人们在火道口燃烧炭火为宫殿取暖。

古人在这样的避寒暖阁中，点燃手炉焚香一炷，可使整个屋子盎然生春。且古人对焚香用的炭饼十分讲究，经过特别制作后，把玩一整天都闻不到任何异味。有炉火和香气为伴，再冷的冬天也变得不再难挨。

晚清时期手炉的制作工艺达到顶峰，不仅有红铜、黄铜和白铜等材质，还出现了景泰蓝、描金漆、铜鎏金等材质。晚清名匠张鸣岐制作的“张炉”铜质均匀，花纹精细，隔热效果极好，摸起来不会烫手。继张鸣岐后又陆续出现了周文甫、王凤江、赵一大、潘祥丰等闻名朝野的制炉专家。

乾隆有诗云：“春信侵寻槛外梅，倚吟秉烛共徘徊。轻寒不入深庭院，女伴携炉得得来。”短短数句便将皇室贵族大雅之堂中炉烟袅袅的优雅清韵渲染得淋漓尽致。随着社会进步，手炉已逐渐失去其使用价值，成为收藏爱好者“抚炉忆夕”的案头清玩。

清雍正　铜镂雕九龙手炉

长16厘米。炉体长方，边角处理浑圆，整体显敦厚，器面与器身严丝合缝。器面镂雕苍龙教子图，九龙首尾相连，游戏于祥云之间，使器面更具神秘效果。

香囊

古人的衣服上没有口袋，一些随身携带之物皆被收入佩戴在腰间的一种囊里，因此这种囊常被称作佩囊。

佩囊本身只是一个简单的布口袋而已，但是由于古代妇女心灵手巧善于刺绣，所以佩囊的制作越来越精致，越来越耐看。

战国时屈原在《离骚》里写：“扈江篱与辟芷兮，纫秋兰以为佩。”那时人们采集到一些香草、花椒等芳香植物也放入佩囊里收好再带回家中。人们回到家以后发现衣服都被熏香了，于是香囊从佩囊中分离独立发展起来。

香囊的发展自然与香料的使用脱不了干系。

香料在我国的使用历史十分悠久，早在神农时代，先民便采摘芳香植物驱邪避讳，敬奉神明。正如《天香传》云：“香之为用，从上古矣。所以奉神明，可以达蠲洁。”

古人随身佩戴香囊的历史最早见于先秦时期，未成年男女拜见长辈的一处礼节。《礼记·内则》记载：“男女未及笄者，闲舆、漱、栉、縰、拂髦、总角、衿缨，皆佩容臭。”

大意是说，先秦时期未成年男女见家长时必须佩戴“容臭”来表示敬重。“容臭”的制作与刺绣手工相结合，有良好的装饰仪容的效果。“容臭”就是早期带有刺绣的布艺香囊。

我国古人还把香囊称作香袋、花囊、荷包、香毬等。香囊对古人的意义非同寻常。在晋代陆翙编撰的《邺中记》里有用香囊装饰睡床的记载：“帐顶上安金莲花，花中悬金箔，织成。囊受三升，以盛香。帐之四面上十二香囊，采色亦同。”在床帐四周装饰十二个香囊，并且中间还要缀一个可以盛放三升香料的“綩囊”就十分奢侈了。

唐　鎏金提梁银笼

陕西扶风法门寺地宫出土。

唐　鎏金银香囊

陕西扶风法门寺地宫出土。

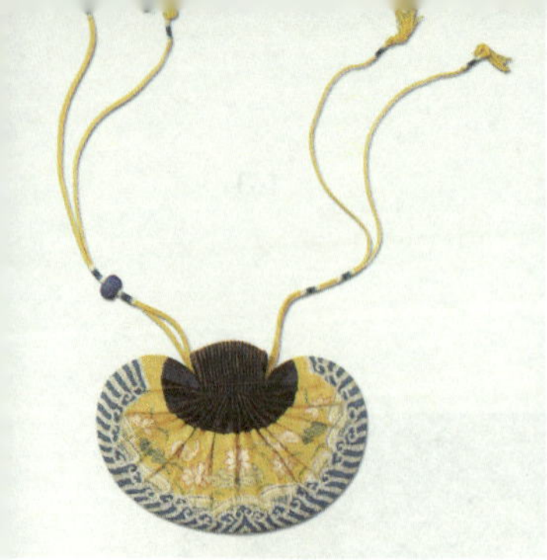

清乾隆　缂丝荷花香囊

宽 10.5 厘米。

清乾隆　葫芦形香囊

铜鎏金（嵌松石），高 9.5 厘米。

清　金质圆形香囊

5.38 厘米 ×2.37 厘米。

香囊灵巧可爱，随着身体摆动，时时散发着沁人的芳香，被视为纯净高洁的象征。香囊还可熏衣，保持衣物香洁。疲倦时从腰间取下香囊闻上一闻，可以清新好久，解乏提神。古代男女常用香囊来传递彼此的情愫。如唐代《遐方怨》诗中所写：“红绶带，锦香囊。为表花前意，殷勤赠玉郎。”诗人看见漂亮的香囊便想着送给自己爱慕的玉郎，由此可见香囊乃是见证古代男女之间爱情的信物。

到了唐朝，焚香习俗鼎盛。佛教认为香药同源，古人有个头痛脑热，揭开香囊直接取其中香料服用，可以养生治病。于是唐代香囊便与佛教结合，多设计成金银质地与佛教庙宇设计风格相呼应的“香毬”。“香毬”是香囊的一种特殊形态，其外壁镂刻葡萄花鸟，内部装有一个万向轴，中间装有小香盂，无论整体如何转动，内部香盂始终朝上不受影响，在香盂中点香，热量沿金属壁传到手上，既可暖手又可熏香，把玩价值极高。

唐懿宗的爱女同昌公主最爱用香囊装饰车子。《太平广记》

清　象牙镂空雕花卉纹香囊

高5厘米。

明　双鹤寿桃香囊

白玉，长6厘米。

中描述当时的情形，外邦国家向唐室进贡了大量的香料，包括辟邪香、瑞麟香、金凤香、龙脑香等，多到同昌公主每次出行的七宝步撵上都缀满了五色香囊，芳香四溢。

宋代时香料更是大量进口，在传统香囊的基础上，创造出造型更美，性质更多样，纹饰更讲究的金银香囊和丝质香囊。不仅如此，香囊到了宋代其实还保留着最原始的驱邪避瘟之意。宋末元初周密创作的《武林旧事》记载，到了端午节，后宫的嫔妃们按例将御赐的香囊挂于襟头，作为点缀。

明清时期商品经济发达，香囊发展更为鼎盛，不仅有绸布质的、玉镂雕的、金银蕾丝的、点翠镶嵌的等，形状上也有圆形、方形、椭圆形、倭角形、葫芦形、石榴形、桃形等。到了清代香囊已由家庭中的自产自用，慢慢变成一种值钱的商品在市场流通。香囊不再是“俗物”，而是男女老少人人喜爱的把玩件。

胭脂盒

女为悦己者容，古代女子对化妆修颜的重视程度很高，这让盛放化妆颜料的小盒子在把玩史上占据了一席之地。

虽然我们没有最早的胭脂盒形制的记载，但是关于胭脂的记录早在汉武帝时期就有了，想必那时也有一定的盛放器皿吧。

《史记·匈奴列传》中写："单于有太子曰冒顿，后有所爱。"意思是说，匈奴国的冒顿太子喜欢上了一位像"阏氏"一样可爱的女子。相传匈奴焉支山的贵族妇女喜欢以"阏氏"饰面，而这个"阏氏"在张骞出使西域传入中原后，逐渐音译成了"胭脂"，并因此流传深远，汉代成为胭脂发展的一个鼎盛时期。

《后汉书》里"视太后镜奁中物，感动悲涕，令易脂泽装具。"中提到的"镜奁"就是一种带镜子的盛放化妆品的盒子，小盒内有多个凹槽，凹槽里装有盛放脂、泽、香、黛、粉、镜、簪、梳、钿、钗等物的小奁。盛放胭脂的小奁可以被看作早期的胭脂盒。

清　瓷胭脂盒

高6厘米；直径7厘米。

清康熙时期　瓷胭脂盒

高2.2厘米，宽7.9厘米。

清康熙时期　瓷胭脂盒

高3.8厘米，直径7.3厘米。

随着古代女性化妆工具的增多，妆奁被做得越来越大，成为女性闺房中一道亮丽风景，人们对一些精巧便携的化妆小盒的呼声也越来越高。

尤其是魏晋南北朝时，审美风度变化，男子傅粉施朱也极为常见。《颜氏家训》记载：“梁朝全盛之时，贵游子弟，多无学术”且“无不熏衣剃面，傅粉施朱”。人们迫切需要对化妆品盒子进行改进，研制出用有所专的小盒。

我们在顾恺之的《女史箴图》中看到了一种女子梳妆时用到的圆形带盖的简单器皿，古人称其为粉盒。此时“胭脂盒”已被明确地从各种用途的粉盒中分离出来，单独拥有名称。

隋唐时期经济繁荣，手工业空前发展，素面瓷胭脂盒、素面玉石胭脂盒、素面琉璃胭脂盒各领风骚。其中巩县的官窑瓷质胭脂盒在当时盛极一时，堪称绝品。五代时胭脂盒增添了纹饰，并开始出现圆形以外的其他造型。

陕西省西安市出土的邢窑白釉印花如意形胭脂盒，突破了以往的单一形制，盒体有吉祥图案的纹饰，且有精美的盖子，盖上刻着繁复的花结，花结上面还立着两只飞鸟。身份显赫的古人还会采用凤纹贝形鎏金胭脂盒，尽显华丽。

两宋时期制瓷业高度发展，定窑、钧窑、瓷州窑、耀州窑、龙泉窑与景德镇窑六大窑系争相斗艳，各种造形的瓷胭脂盒成了爱美人士的必备之物。宋朝时胭脂盒已不仅仅是一个实用类器皿，它还常被用来当作男女之间定情的信物，由此平添几分把玩之趣。

宋时男子可依据自身条件和个人喜好，到工匠那里为心仪的女子订做胭脂盒。形状上可以选择圆形、菱形、花瓣形、瓜果形还有双联体形和三联体形等。纹饰可以选择花卉纹、卷草纹、针叶纹和釉面冰裂纹等。

其中比较有趣的就是三联体形胭脂盒，它是在一个大盒内连着三个小盒，不仅方便取用，还提高了盒子的储蓄能力。双联体形盒如青瓷釉点彩鸟形双联盒，它是由两个盒连在一起，上面立着一对“身形圆润”的鸳鸯鸟，象征着古人对鸟儿一般双宿双飞的美好爱情的向往。

明清时期胭脂盒造诣达到巅峰，宫廷娘娘们的胭脂盒极尽豪奢，其中九成金镶石圆盒，材质顾名思义大面积采用了黄金，且盒盖及盒身上布满了用碧玺镶嵌而成的花朵，以华贵气质堪称胭脂盒界的“皇太后”。此一时期胭脂盒除传统造型外，新增了果实和花卉造型。材质上增添了掐丝珐琅、黄铜、花梨木等，工艺水平令人折服。

小小的胭脂盒凝聚了历朝历代人们变换不同的审美风格，想象着古人每日对镜描眉画鬓贴花黄的情形，手中的胭脂盒便在不知不觉地摩挲中有了历史的温度和厚度，增添了玩家们把玩的意趣。

铜镜

对于古人而言，镜子不仅能够照应容貌，还能够侦测忠奸、降妖伏魔，是必不可少的生活用具，更是寄予了喜怒哀乐等丰富情感的把玩艺术品。

上古时期人们发现清澈的水面能够照出人的影子，还能照出天空树木花鸟的颜色来。聪明的先民们便用瓦盆将水捧回家中做成了瓦监。监指的是能够照出人和物形象的器具，是早期镜子的原型。《说文》中解释："监可取水于明月，因见其可以照行，故用以为镜。"

随着青铜器的产生和使用，人们开始铸造出铜鉴。大家注意这里的"鉴"指的是铜制的水盆。由金属制造，因此带上了金字底，以前的"监"用瓦制作，是没有金字底的。

铜鉴的体形和盆口都比较大，盆腹又较深，因此经常带有两到四只大耳朵，方便抬运。后来人们终于不再使用水盆照镜子了，开始铸造铜镜。早期的铜镜数量少且十分简单朴素，没有过多的

新朝（汉）多乳博局式镜

直径 16.9 厘米；厚 1.1 厘米。

元　四兽四凤纹镜

圆镜，内饰兽纹，外饰神凤花卉。

隋　四灵镜

直径 19.8 厘米。

南宋 『瑞气清芬』钟形镜

横 10.2 厘米，纵 15 厘米。造型呈钟形，顶有方钮，背饰铭文。

唐 三乐镜

直长 12.7 厘米，厚 0.9 厘米。

清 玳瑁边广珐琅母子图玻璃容镜

直径 9.2 厘米。

式样。

《左传》中有“定之肇鉴”之说，意思是定国公肇习惯将鉴作为配饰戴在身上。战国到汉晋时期一些少数民族的服饰中一直有佩镜的遗风。

汉晋进入铜镜发展的一个重要时期，全国形成了包括山阴、江夏郡、蜀郡等在内的多个铸镜中心。汉晋铜镜质地厚重并注重铭文与饰物相结合的装饰风格，使整个铜镜的背面图文并茂。在镜饰题材上人们侧重于选择各类神话传说，如西王母画像镜等。

其中神奇的“幻境”也是汉代最早开始发现的，当光线照射镜面时，镜面上的影像会同样呈现在与之相对应的墙壁上。这样有趣的镜子估计能供汉晋人们把玩一整天吧。

到了隋唐五代时期，人们在镜饰题材上侧重经典的道家故事，此时流行的是飞仙镜、月宫镜、嫦娥镜一类。在形体上不拘泥于圆形，还增加了菱花形、葵花形、柄形、亚字形等。在镜背纹饰上以鸾镜和瑞兽葡萄镜较为出名。

由于匠人在制造过程中调整了合金中铜锡银的比例，唐制铜镜的反光效果比原来更好，照出来的影像更清晰。因此常被用来当作礼品赠送亲友，礼待外邦，逐渐成为国家文化的象征。

尤其是唐玄宗时期，他将自己生辰的日子定为举国同庆的千秋节，在这一天他登上花萼楼接受子民的庆贺，王公以下的贵族乃至外国使节都要向他献上铜镜。他再将铜镜回赠给四品以上的僚臣，与大家一齐分享节日的喜庆。

宋代时一些市井故事、传奇小说和志怪故事类的镜饰题材，取代了原来的神话传说和道家故事，如许由巢父镜、柳毅传书镜、八仙过海镜等。在式样上增加了鸡心形、盾形、钟形、鼎形、瓶形等。有的铜镜还设计出了可以活动的支架，宋代女性从此在化妆时解放了双手。

宋代以后至清末，铜镜伴随着商品经济的发展出现在寻常百姓家中。元代时镜铸造出现了“精者甚精，粗者甚粗”的两极分化。这时工艺精细的铜镜被收藏起来当作观赏的摆件，实现了使用器型向把玩器型的转变。

明清时期铸镜量小，但因瓷器、漆器、铜器、珐琅器、玉器等制作技术都很发达，所以产出的把玩器精品也比较多，仍然散发着历史的遗韵。

叁

盘之有道，方为把玩

第一节　把玩之道，先晓起理

随意把器物放在手中捏握、揉搓，只能说是在玩，而并未达到把玩的地步。想要把玩一件器物时，先通晓其古人的把玩之理是十分必要的，盲目上手看上去省下了时间，但实际是在错误的道路上越走越远。

古人的把玩之道

古人称把玩为“把翫”，意思是将一种物件握在或是放在手中赏玩。陈琳在《为曹洪与魏文帝书》中所提“把玩”，以及柳宗元在《与李翰林建书》中所述“把翫”都是在表达这个意思。

正如前文所述，把玩这项活动有诸多乐趣，古人通过用手指和手掌反复触摸物件，欣赏其形状，感知其内涵。这种乐趣只有亲自上手把玩才能有所感悟，仅靠眼睛去看，是没办法体会其中的乐趣的。

谈到把玩这项活动，就不能不提各式各样的“把玩件”，这是文玩界的一个专有名词，主要是指那些可供人放在手中把玩的

清　雕象牙贴金四季花卉镯

象牙镯，材质金、玉、琥珀皆可，是戴在手腕上的一种环状首饰，象牙镯雕刻牡丹、荷、菊、梅四季花卉，刻工细腻，附带金箔彰显金贵，镯面浮雕回万字纹理，内容为长寿、团寿，寓意美好，其间部分花卉及其文字染红。

清　伽楠木雕八宝镯

整器以枷楠木雕成，外壁浮雕佛法轮、宝螺、白盖、法伞、莲花、宝瓶、金鱼与盘长，此八宝为佛教中象征吉祥与圆满之八件法物，内壁平滑。

小物件，前面提到的掌珠、匏器、菩提子、紫砂壶都是常见的把玩件。

常见的把玩件多以玉石类和木质类为主，小件的金属器和一些其他珍稀材料，如象牙、珊瑚等制成的把玩件也不在少数。好的把玩件首先要外形精美、做工精细，只有这样才值得把玩，也才能让把玩者爱不释手。

那些木质和玉质的把玩件，经过反复盘玩后，其表面会变得通透、润泽，这些变化就是文玩界常说的“包浆”“上瓷”。那些“包浆”和“上瓷”后的把玩件会更富美感，收藏和鉴赏价值也会随之提升。相比于古董，把玩件价值的提升不仅要有时间的累积，还要有把玩者反复盘玩的耐性，这一点也是把玩件的核心价值所在。

古人不仅将把玩视为一种艺术性的行为，同时还将其当作一种特殊的文化。古代的文人雅士们并不会四处对人言说自己的喜好和品味，而是喜欢通过各类物件来彰显自己的身份和地位。

在这里，把玩件就派上了大用场，有的人会佩戴玉石挂件来彰显自己的君子修养；有的人在书房摆满各式文房清玩来突

清　象牙雕罗汉

高 32.7 厘米。勾勒出的人物栩栩如生，神态自然。象牙雕刻在清代中期比较繁荣。

出居室的书香气息；有的人则用一把折扇来彰显自己的斯文性情。就连看上去普普通通的两个核桃，也能成为个人身份的象征。

在清朝时，文玩核桃被分为三六九等，不同身份的人所把玩的文玩核桃是有所不同的。乾隆皇帝作为文玩核桃的狂热爱好者，曾多次亲自挑选文玩核桃。皇帝所把玩的核桃自然是一等一的好，为了迎合皇帝的把玩爱好，朝中大臣们也开始在全国范围内搜罗核桃。最上品的核桃用来呈送皇上，稍逊一些的核桃则留着自己把玩，清朝把玩核桃的风气就是这样兴起的。

在喜爱与彰显身份之外，把玩还可以起到健脑养生的作用，这也是古人爱好把玩的一大原因所在。在把玩物件时，手掌上的多处穴位都会受到刺激，这相当于在为手部做按摩，时间长了对人体内的脏器功能提升也是有帮助的。

古人对物件的把玩更多追求精神上的享受，这与现代玩家们追求提升文玩价值的目的是有所不同的。在把玩过程中，通过对物件的操控与欣赏，让身心都更为充实，让精神境界得到提升，这才是古人所追求的把玩之道。

古人眼中的包浆文化

包浆文化是中国把玩界独有的一种能够承托岁月的文化。一般来说年代越久的器物，包浆就可能越厚，因此这个包浆文化里面还包含了中国人的一种恋物情结。

单从品相上看，包浆就是一种光泽，是在器物的表面通过人为使用和盘摸形成的一种如漆似玉的膜状物质，这是人们长年累月的欣赏、把玩和摩挲所留下的痕迹。

玉石有玉石的包浆，金属有金属的包浆，瓷器、紫砂器、葫芦、核桃也各有不同的包浆。包浆包的是什么呢？环境中的水渍、土渍，皮肤分泌的油脂、汗液，还有人的脾气秉性与精神气质。

在古代人眼中，包浆是唤醒器物灵性的一把钥匙。玉石在经过自然界的沙土侵染、流水侵蚀、雷电击打和风霜磨砺后，又经过工匠们的精雕细琢，再被拿到掌心反复把玩，才有了莹润透亮的包浆。最重要的是在把玩的过程中，这种人气的介入会让玉石的品相变化得更明显。

有句古话叫“人养玉三年，玉养人一生”。所谓人养玉即玉石在佩戴过程中，吸收人体汗液水分，水分充足时玉石里面的杂质就会游离出来，玉器就会变得越来越透亮干净。在这个过程中，人体所分泌的油脂会透过皮肤进入玉石的空隙中，增加玉石的温润感。另外玉石与身体的摩擦相当于软抛光，这会使玉的表面更加光滑细润。

那玉怎么养人呢？古人认为玉是通灵之物，蓄气充沛。古代皇室除生前佩戴玉石，吞食玉屑珠粉外，死后口含玉璧，或身着玉衣，借以养护遗体。慈禧太后也喜欢用玉尺在面部按摩，以此来美容养颜。

现代科学研究表明，玉的养生机理是：深埋地底上千上亿年的玉石，富含大量对人体有益的微量元素，这些微量元素被人体皮肤吸收后，会提高人的免疫力。

紫砂壶的包浆与玉石不同，玉石包浆要靠手油，而紫砂壶包浆则要靠泡茶。尤其是一些用上好泥料做成的紫砂壶，经过窑烧后反而会变得灰头土脸，十分生涩。对这样的紫砂壶进行包浆，需要慢慢地、由内而外地用茶油浸泡渗透，且在泡茶过程中茶壶

清　十八世纪　雕核桃核静听松风扇坠

此件核雕，做工精湛，造型独特，完美地展现了人物的表情姿态，线条光滑流利，彰显了熟练的刀工技法，再者加上果核本身的质感，充分体现了山间巨石的气魄。

清中期　玉镂雕山水人物香囊

玉质晶莹光润，质地细腻，颜色为青白，形为环状，双面皆镂空，玉面为水岸边有一人躺于小舟之中休憩，且望向青云高山之上的壮少。不仅造型美观，还很实用，可用作随身香囊。

内部蒸腾的水汽通过气孔冷凝回流，形同呼吸，外部的摩擦又会使茶壶内部形成轻微的冲刷效果，此即可达到让茶壶内部包浆的效果。

饮用过茶水之后，要用干净的毛巾轻轻擦拭壶表面的脏色和茶渍，达到抛光效果。一开始出现的红色痕迹是渐渐形成包浆底层的迹象，随时间推进茶壶颜色会慢慢变淡。

自然放置的茶壶可以自然干燥并与空气中的氧气充分接触，从而形成保护层，最后再用洗干净并且干透的手对茶壶进行盘摸，便可达到让茶壶外部包浆的效果。

包浆后的器物会被赋予一种灵性，这灵性中既有物主人对其的珍爱之情，又有其自身传承悠远的历史积淀之感。包浆文化正是为器物赋予灵性的文化，透过那层如漆似玉的膜状物质，可以感受到器物背后的故事。

古人怎么选核桃

明清时期，上至封建帝王、文臣武将，下至官宦小吏、平头百姓，无不为有一对玲珑剔透、绛红圆润的核桃而感到幸福满足。明熹宗朱由校、清高宗乾隆这样的大玩家，更是对把玩核桃如痴如醉，他们对核桃的把玩可谓轻车熟路，甚至达到炉火纯青的地步。

“掌中旋日月，时光欲倒流。周身气血涌，何年是白头。”人们把玩核桃，把玩的就是这内里的乾坤。工欲善其事，必先利其器，要想玩出名堂，玩出乾坤，提升把玩体验感，就首先要学会挑选核桃。

九月上旬，白露前后，是青皮核桃上市的季节。这个季节的

清　橄榄核雕　骑兽罗汉

雕刻的罗汉活灵活现，神韵俱佳，对每个细节的把控都很到位，神兽也雕刻得惟妙惟肖，深受把玩收藏爱好者的喜爱。

核桃只有七八分熟，最适合拿来收藏把玩。古人需要在成百上千，甚至更多的核桃中挑选出纹理颜色最相近、质量大小最相当的两个核桃凑成一对。

古人挑选核桃的方式简单且有效，主要利用触觉、嗅觉、听觉和视觉四个感官。换句话说就是满足“质、形、色、个”的四字原则，二者其实都是一个道理，只是说法不同。

触觉就是拿来一对核桃，摸一摸质地是否细腻坚硬，掂一掂是否有分量。一般来说好的核桃质地细腻坚硬，掂在手中沉甸甸的，而皮质太薄太脆的核桃娇贵经不住把玩。大多好的核桃都是“有分量”的，同样大小的核桃分量越重，说明核桃越饱满。

在掂量的过程中，核桃在边、肚、高三方面的手感也很重要。玩家要关注的是核桃尺寸是否符合自己手掌的大小，核桃太大或太小在把玩的过程中都不容易掌控。

相传乾隆年前，名臣纪晓岚就曾挑选一堆核桃进贡给乾隆皇帝。乾隆将核桃拿在手中掂量，重量适中、手感极佳，瞬间就引为珍宝，更是将其取名为“万岁子”，此后整日拿在手中，片刻不离。

嗅觉鉴赏顾名思义就是用鼻子闻核桃，主要看是否能够闻到核桃纯天然无加工时候的特有气息，如果是坏果或化学药品浸泡过的果子，味道会有所不同。玩家们最忌讳的就是买到坏果或非天然的果子。

听觉是将核桃放置手心揉搓或用手指敲击核桃时，听一听其发出的声音是否瓷实、硬朗。这个方法用来判断核桃是否是野生核桃，要知道行话里所谓的金石之音就是指野生核桃成熟时硬朗瓷实的声音。

视觉是挑选原则里最重要也是最复杂的一方面。前面已经介绍过核桃的众多品种。形状上有圆形、扁形、方形，长尖形、异形等，纹路有深有浅，有疏有密，有水纹状有放射状等。

不同品种之间不能相提并论，完全依照个人喜好，或行情好坏。同一品种的核桃，我们主要对比核桃的纹路和个头两个方面。

纹路一般看起来又深又大的比较好，太小太密的纹路在包浆的过程中会被消磨殆尽，降低了美观度。核桃眼以及底座要是正的，最好不要歪。当然如果一对核桃的眼和底座都歪得很整齐也勉强可以。然后就是观察核桃身上的一些硬性的条件，比如有无阴皮、焦面、损伤、裂痕等。

个头方面，从把玩的角度看，一般选择核桃边宽在 3.5 厘米到 4.3 厘米的。从收藏的角度看，核桃个头越大越保值，超过 4.5 厘米以上就属于核桃珍品了。

清　陈子云　雕橄榄核松阴渔乐扇坠

在高仅三厘米的橄榄核上雕刻，雕有岸边、松树、船只、人物等，尺寸虽小，但构图完整，作者善用浮雕、镂空等手法。画面整体的细节处理和层次的把握都极为讲究。

好葫芦才有好『福禄』

金黄的葫芦摆在几案上，配上一本古书，一杯清茶，总会给人一种厚重而不失雅致的感觉。中国古人玩葫芦，一般是比较喜欢选择成熟之后的，成熟的葫芦封干皮之后呈淡黄色，托在掌中有沉甸甸的感觉，稍微用力摇动还会听到葫芦籽撞击葫芦内壁的声音。

那么，葫芦如何辨别好坏呢？具体来说，古人会将葫芦分为

清　雕漆大吉葫芦瓶

暗红色剔红工艺葫芦瓶，内里金属口缘。大小圆腹上分别刻『吉』『大』二字，器身布满花叶纹、回纹等纹饰。此器仿照葫芦形制作，寓意极佳，大吉大利。

清　木雕连珠葫芦

双连葫芦状木雕，并蒂二瓜，尾端膨起成圆球状，造型独特的把玩物件。

龙头、嘴、腰、脐、皮，以各个部分的标准来判断一个葫芦的价值。

葫芦的龙头就是葫芦藤蔓，有些小葫芦是没有龙头的，但有龙头的葫芦看起来比较有灵性。如果龙头壮实粗大、个体完整就说明葫芦是生长在更接近根部的位置，吸收的养分会多，成熟度就会高，会更美观。

葫芦嘴是龙头同上肚脐连接的部分，会有小小的凸起，它的直径如果略大于龙头根部就比较有层次感。有的葫芦没有嘴，这个没有关系，但是如果有的话一定要注意比例，比例失调就不好看了。

葫芦的腰是上下肚脐连接的部分，这和女人的小蛮腰是一个道理，没有腰会很怪，腰长和腰粗的葫芦品相都会差一些。

葫芦脐是葫芦的花蒂，位于葫芦的底部，就像一个圆圈。标准的葫芦脐应该是平整细腻、聚而不散的。它的脐眼位置应该在中心，大小是越小越好的。没有脐眼的、烂脐和炸脐的葫芦都视为瑕疵。

最重要的是葫芦皮，要匀净周正，没有瑕疵。一定不可以霉变、裂变，不能有划痕、缺口或其他损伤的。沿着葫芦的中心线旋转，每六十度为一面，要求六个面都要对称，俗称“六面正”。

入手之后，需要用碱水洗去葫芦表面的胶质层，否则很难包浆挂瓷。盘玩的频率也十分讲究，古人玩葫芦不会天天盘，也不会总也不盘，一般是盘一天放一天，在岁月的流逝中让葫芦“历久弥新”。

古人如何赏鸣虫

古代人所赏的鸣虫，以蟋蟀、蛐蛐为首，它们被古人称赞为“天下第一虫”，论起古人玩虫的狂热，甚至比现在的网瘾还要夸张。

若问古人具体是如何赏玩鸣虫，其实也不过就“听”“捉”“斗”“养”四个字。

“听”鸣虫：古人为了听到虫鸣可谓费尽了心机，早在唐代天宝年间，长安城里的富贵人家便用象牙镂刻成笼，把蛐蛐放入笼中赏玩。后来经过演变，听赏鸣虫的器皿又分成了罐和盆两类。

罐在北方非常受欢迎，北方玩家玩蛐蛐多用罐。罐的主体由骨、木、牙、竹等制成，还附有一个多孔的带有象牙、玉石和翡翠装饰盖子。按造型有鱼罐、竹节罐等类型。北罐罐体厚实，隔音效果好，不方便听声，但是携带起来很方便。

而盆在南方比较流行。唐时因风行斗蟋蟀，当时出现了许多烧蟋蟀盆的小窑，其中陆慕蟋蟀盆被誉为南盆的代表。小窑烧出的蟋蟀盆有乌、黄、白、青四色，造型小巧，且透气性良好，利于听叫。

“捉”鸣虫：宋贾似道在《促织经》中非常具体地描述过捉蛐蛐的方法，如“初秋时，于绿野草菜处求之”；捉虫有“昼捕”和“夜捕”两种，“昼捕”一般在午后，“夜捕”一般在下半夜；夜捕很难捉到好虫，一般只需将虫鸣的方位记下，白天时再沿着记录的方位，朝碎砖瓦片缝隙、枯叶下面去寻，便可以捉到。

工欲善其事，必先利其器，中国古人捉虫工具之齐全，计有铜丝罩、过笼、蒙着被的席篓、黄杨木罐、签子等。

“斗”鸣虫：在比赛开始之前，先给鸣虫称重，同一重量级的可以一同参加比赛。比赛赛制是三局两胜，一局开始，双方鸣虫被放入有一定高度围壁的瓷器空间里，中间有一道隔板，叫“闸”，开斗时，裁判喊“起闸”，一旦分出胜负，就会喊“落闸”，将双方鸣虫再度隔开。

比赛开始时，双方主人用草挑逗自己的鸣虫令其开牙，叫出声音，前后时间间隔相差不超过三秒时双方平局，一方先叫出声赢半局，失局的一方可继续用芡草挑逗。裁判喊“起闸”时，双方需以芡草引导自己的蛐蛐找到它的对手，引领成功则搏斗开始，如果一方被咬死，咬断腿，不战或怯战，落荒逃跑了即算失败。

“养”鸣虫：古人养鸣虫主要是为了在冬日里，还能听到夏秋虫子那般活泼叫声。刘侗的《帝京景物略》中有记载：促织感秋而生，而音商，其性胜，秋尽则尽。今都人能种之，留其鸣深冬。其法土于盆，养之，虫生子土中，入冬以其土置暖炕，日水洒绵覆之，伏五六日，土蠕蠕动，又伏七八日，子出白如蛆然。置子蔬叶，仍洒覆之。足翅成，溅以黑，迎月则鸣，鸣细于秋，入春反僵也。

人们用保温性良好的葫芦器蓄养鸣虫。葫芦器的形状要求长圆，器口用丝网蒙住，防止虫子活动时，虫须探出来被戳伤。并仿照虫子的野穴将葫芦的底部砸成坡形，堵上三合土，这样鸣虫便可将虫卵埋于土中保存，不至于被冻死了。

晚上给虫器加温时需饲养者将葫芦揣入袄中直接用身体温暖虫器，也可在晚饭后将葫芦放在装满热水的盆里，以这种方式可够虫器温热一整晚。

清道光时期　蟋蟀笼

椰子壳和象牙葫芦，高12.7厘米。造型精美，极具观赏和实用价值。

第二节　古人的高端『把玩』技巧

一件把玩器物，从最初形态『把玩』到最终形态，需要一定的把玩技巧。根据器物的不同，把玩技巧也会有所不同。近千年来，古人已经琢磨出一套颇为有理的高端『把玩』技巧，『核桃的养生盘法』『紫砂壶的鉴别挑选』……了解这些高端『把玩』技巧，才能让我们在正确的把玩道路上走得更远。

核桃的养生玩法

古人玩核桃一般有两种玩法，文玩是一种，武玩又是一种。所谓武玩，就是通过把玩人手的力量，不断大力地盘玩，从而让核桃尽快成型，日常我们听见有人盘核桃盘的手里嘎嘎作响，其实就是在武玩。而相对武玩来说，文玩则更加养生。

文玩核桃首先需要清洗，把核桃放于温水中，用毛刷蘸取洗涤剂刷去缝隙里的泥污，用清水冲净，再以毛巾及时擦干水分，不可以烤干阴干，再在通风的地方放两三天即可。

在把玩核桃时，尽量不要弄出多大动静，最主要的是让核桃的尖皱、棱角不停按压手部的穴位，以达到通经活脉的功效。文玩需要耐心，不可急于上油，否则透气性变差会造成油阴、花皮、黑底子等现象。

可以徒手盘核桃，轻柔慢捻，来回往复。还可以借助小刷子，摩擦核桃的表面。

刷核桃有三个阶段：新核桃阶段、初步上色阶段、包浆厚重挂瓷阶段。

新核桃阶段应多刷少揉，因为新核桃表面突起和纹路凹陷处有一层白色绒毛，绒毛如果不清理干净，就会阻挡汗液的进入。因此刚开始可用粗毛刷稍微用些力，让刷毛够到凹陷处把绒毛清理掉。

初步上色阶段，包浆较薄容易软化，此时再用粗毛刷会导致上色不均匀，应该用中等硬度的毛刷，每天勤刷，有空就刷几分钟。

包浆厚重挂瓷阶段，包浆稳定固化，无须考虑上色均匀的问题，用细毛刷轻轻扫去灰尘，十天半月刷一次即可。

刷核桃的手法可以有顺刷、侧刷、挑刷、按刷和砸刷。

顺刷是按照纹理走势，从尖部到底部一个方向刷 10 下，再反方向刷 10 下，切记来回刷。

侧刷是将刷子倾斜一个角度，再沿纹理方向去刷，这样便于清理纹理翼面的灰尘。

挑刷是将刷子按入纹路深处，再利用手上的巧劲将深处的积灰挑出。

按刷是稍微用力至刷子毛轻微变形后小范围来回刷，清理顽固的污渍。

砸刷指将刷子抬离核桃表面一定高度，利用重力将刷毛砸入

清　陈祖章　雕橄榄核舟

纵1.4厘米。横3.4厘米。高1.6厘米。乾隆二年的佳作，把橄榄核上雕琢成一艘小船，船上共八位乘客，每位乘客的神情动态各尽其美，最特别的是，船底刻了苏轼的《后赤壁赋》全文，三百余字，文字细密，井井有条，此作堪称精品。

纹路，核桃会以肉眼可见的速度变得干净，但是这样很费毛刷。

新核桃从刚下树到手上盘玩至内外水分干透需要一年至一年半的时间。如果新核桃长时间不能玩，最好放在开口的布袋里以免水分的散发和吸收；如果已经包浆挂瓷的核桃长时间不玩，需放在密封袋子或锦盒里保存。

除此玩法的文武之分，盘核雕是文玩核桃里的更为高端的玩法。

江苏的苏州和扬州、山东潍坊、广东等地都有核雕艺术，核雕的盘玩有四个步骤：第一步就是在前两个月的盘玩过程中使核雕的本色变亮；第二步是三到六个月时间的盘玩，使核雕上色变红；第三步，大概需要一年，核雕由红到深红再到紫红，棱角渐渐平滑。第四步，至少需要五年以上产生玉化，包浆变得透明有瓷釉感。

古人怎么选紫砂壶

紫砂壶的设计造型无论是现代还是以前，都十分讲求点、线、面的美感。那么个人在挑选紫砂壶时，会考虑哪些因素呢？

第一，依茶择壶型。古人语“以壶适茶，依茶养壶”。沏泡绿茶以及一些大叶茶时，古人会选用壶身略扁、堂大一点的圆形壶，这样方便散热，而且泡出来的茶叶不沉闷；沏泡红茶以及一些香气类茶时，古人选择身高一些的保温性好的大紫砂壶，使茶的香气氤氲在壶的上部，因闷、热的特点，茶的滋味更浓郁；沏泡半发酵的乌龙茶以及一些细碎、嫩度高的茶叶时，选用器型小的紫砂壶就略佳，可以凝聚香气不涣散。

时大彬梅花紫砂壶（宜兴器）

时大彬是明代晚期最负盛名的紫砂壶大师，他是供春之后的紫砂壶艺史上知名度最高的一位壶艺大师，有『千载一时』『明代良陶让一时』之称谓。据后人简要统计，其存世作品，不过数十件，可见其品的精贵。其壶大多有『大彬』款识，以此识别。时大彬的紫砂壶，典雅精致，梅花造型体现出时对梅花的欣赏和敬意。

民国时期金鼎商标高梅桩壶

冯桂林制，底印：金鼎商标。盖印：桂林。通高16厘米。口径6厘米。冯桂林以作高梅桩享誉天下，此壶以绿泥做身，流、把、钮以红泥做成梅枝状，正反两面各贴塑盛开的梅花。

民国时期范记款釉彩狮菊壶

底印：宜兴裕记。盖印：范记。通高9厘米，口径6.5厘米。此壶以红泥为胎，菊球身，通体满釉，淡蓝，色雅。狮菊壶即狮抱球壶，民国至『文化大革命』前多有制作，通体满釉则少见。狮子有辟邪、欢喜的寓意，很受中国人喜欢。

二十世纪六七十年代荷花莲子壶

蒋蓉大师制。盖印：云仙。通高10厘米，口径7厘米。此壶泥色深紫，盖内莲子可动，妙不可思。因长期使用，包浆光可照人，『云仙』为何许人也则待考。

汉方壶

朱泥壶，逸公制。通高9厘米。口径4厘米。

逸公制小圆壶

底印：『三山半落青天外』，逸公制。通高6厘米。口径4厘米。

曼生合盘壶

清乾隆至嘉庆年间，陈曼生（陈鸿寿）制。底印：阿曼陀壶。把印：彭年。通高9厘米。口径7厘米。壶上铭刻：梅雪枝头活火煎，山中人兮仙乎仙，曼铭。壶身上下合二为一，故名合盘壶，砂质温润细腻，做工精准，壶内茶山积厚，外包浆已被洗去。

邵旭茂款『老樗散人壶』

清康熙至雍正年间，邵旭茂制。底印：荆溪小圆印，邵旭茂制方印。高19厘米，口径9厘米。此壶包浆厚重，通体呈枣皮红色，品相非常好，是有史料明确记载的珍贵孤品。邵旭茂为清康熙、雍正年间宜兴上袁村人，《阳羡砂壶图考》中记载邵旭茂制壶：造工精细、质坚如玉，质朴砂粗，精湛绝伦。《茗壶图录》中『老樗散人壶』的描述与此壶的完全一致。

相传制壶名家时大彬和大文人王世贞交好，在王世贞的启发下改革制壶工艺，大量制作小紫砂壶，终于自成一家，而时大彬所制的紫砂壶也一时成为明代文人的心头爱。

依颜色择壶型。紫砂壶的颜色是十分丰富的，有朱砂紫、红砂、黄砂、黑砂、段泥、青泥等，选择什么颜色要依据个人喜好而定。古人在选壶的时候会用眼睛观察壶的泥色，看看其色泽是否自然，越自然的越美。有的紫砂壶挂釉，还要看釉色是否纯正，釉面是否均匀，釉边是否整齐。还有就是紫砂壶上面的小装饰，做工是否细腻等。

依触感择壶型。既然是紫砂壶，肯定要看紫砂质量的。紫砂壶本身就素面素心的磨砂质地，拿起壶身摸一摸，如果看起来很粗糙的壶摸起来不仅能够摸到“砂”，而且很光滑，那就说明紫砂壶的品质是不错的了。另外好的紫砂壶拿在手上，会观察到它的壶身端正，圆就是正圆，方就是正方，既不向左倾斜也不向右倾斜；壶盖和壶体之间的松紧合适，口盖严谨，圆壶盖子旋转起来滑畅无阻，方壶的四个边边接缝平直没有变形。

依其他条件择壶。未泡茶时，敲击壶壁声音会很清脆；可以用鼻子闻，煮茶后是否有异味和土腥味，如果有，证明制壶材料不好；用沸水往壶身浇一浇，如果水珠滑落速度很慢，说明壶的质量很好；好的紫砂壶倾倒茶水，茶水是呈水束状向外喷射，且壶内无刺激性气味或明显的土腥味；将壶里的水装满，盖上盖子，做倾倒的动作，看是否往外溢水，如果没有水溢出说明壶的质量不错。

玩紫砂壶是门学问，选紫砂壶也是一门学问，古人就是这样，优哉游哉地将闲情雅玩都变成学问，而也正是这些学问，在丰富了古人生活的同时也丰富了我们的文化。

古人盘扇：文盘、武盘、意盘

把玩扇子一般说的是把玩扇骨。把玩又称“盘”，就是不断地用手抚摸，让手上的油脂逐渐在器物上形成“包浆”。扇骨有“生骨”“熟骨”之分，盘扇骨有“文盘”和“武盘”之说。

明　商喜画竹埜

成扇尺寸：17.5厘米×48厘米。

清　郎世宁、张若霭书画合璧竹骨折扇

长28厘米，此扇为郎世宁早期所作，绘于墨笺，底为黑色，金色字体，色彩鲜明。扇子的另一面则是张若霭书，二者合为郎世宁、张若霭书画合璧竹骨折扇。

不管怎么盘，前提都要先净手，尤其是竹扇扇骨易脏，不好打理。“生骨”指新制作的扇骨，是需要不停把玩的。“熟骨”指传世老扇骨，须精心养护，妥善存放。

文盘扇子指将扇骨常握于掌中，并反复抽拉摩擦，利用人体体温为扇骨上色，久盘之后扇骨的颜色会由白变黄，由黄变红，色同蜜蜡，有古朴凝重之感。

武盘也不是像大家想的那样，非常粗鲁地猛扇扇子，而是用核桃油涂抹扇骨，或用扇骨擦拭人体表的汗油，这样可以快速使扇骨发亮，但手感远不如“文盘”的扇骨。

扇子是比较矜贵娇气的把玩件，很容易起毛刺、折损、坏掉。比较适合武盘的一般都是些“皮糙肉厚”的家伙。

意盘对盘玩者的精神境界要求极高，盘玩者一面抚摸着扇骨，一面想着扇子的美德，修身养性，达到人扇合一的境界。意盘是有一定寓意的，比如中国最早记载的五明扇，那就不是用来扇风的，也不是单纯盘着玩的，而是要提醒扇子主人“广开视听”“求贤自辅”的。扇子在古诗中经常与女性形象连在一起，被作为凄美的象征。

不同的扇子需要选择适合的盘玩方式，如带皮的扇子就要尽量少盘玩，因为人体表排出的汗油一旦深入这种扇骨，其竹子青皮层下面的阴皮和脏污就会显现出来，就不美观了；再如玉竹扇子，大骨小骨要一起盘的，把扇子展开，用左手托举，右手轻捻就好；再如有阴刻的扇骨，需先刮一遍扇骨保护阴刻的图案，再净手盘玩。

好玉必要『乾隆工』

古人好玉，讲“首德次符”，“德”指的是玉质，“符”指的是颜色，二者择其一的话，多优先选择玉质好的玉饰。这种观念在明清时期发生了较大变化，古人对玉饰质地的要求逐渐降低，而对其颜色的要求则不断升高，“德符并举”成为玉饰把玩、鉴赏的新标准。

说到“德符并举”，就不得不提“乾隆工”，这是玉饰把玩收藏行当中的专用名词，主要是指乾隆时期玉器的工艺。

▲**清乾隆　玉象耳方壶**

玉器仿青铜器方壶，壶身上段两侧象耳衔环，通透无纹。器底阴刻三行隶书『大清乾隆仿古』。

▲**清乾隆　玉熊尊**

熊形玉像：张口伸舌、眼观前方，一肢前伸、一肢折回、掌上执一球，仿佛蓄势掷出。颈背之上长出一管，管后刻三行隶书『大清乾隆倣古』六字。

清乾隆御玩玉小紫檀盒▼

圆盒的盖中央突起刻字。青玉，色深黯。中空，玉上阳刻蟠螭纹。盒内附玳瑁胡须梳、象牙签、耳挖、金属锉刀及红色护垫等物品。

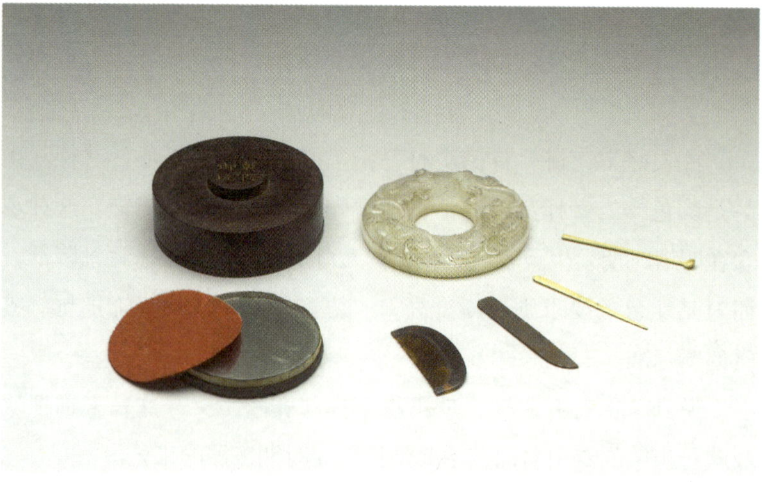

清朝中后期的玉器爱好者赶上了好时代，因为他们可以有幸把玩、鉴赏乾隆皇帝把玩过的玉器工艺品。乾隆皇帝对玉器有着异于常人的喜爱之情，在宫廷之中，到处都可以看到他把玩、收藏的玉器工艺品。

为了制作更多自己喜爱的独特玉器，乾隆皇帝还亲自监建了如意馆，并将江南地区的制玉高手悉数招入其中。乾隆皇帝给出想法，宫廷画师来绘制图样，制玉高手则连夜赶制玉器，这让当时的玉器不仅工艺良好，还能保有较高的文学性和艺术性。

乾隆时期制造的玉器多以和田玉作为主要玉料，选材极为讲究。在设计和打造时，基本不会考虑工本问题，每件玉器都要经过精雕细琢、反复修整，力求呈现出最佳的艺术效果。

从做工上来讲，“乾隆工”玉器主要有线条精细、层次分明和物尽其用的特征。这一时期的玉器多为一刀贯穿，线条分明。玉器表面光滑细腻，层次分明，薄厚尺寸恰当，其上纹饰清晰可见。

除了形制具有较高的艺术价值外，这些玉器的纹饰也颇具文化内涵。通过灵巧的双手，从中华传统文化中汲取养料，匠人们为美玉赋予了长寿圆满的意义。在把玩玉饰过程中，透过手和眼，把玩者可以感受到玉器所蕴藏的深刻内涵。

如意馆中制作的玉器大都需要呈送给乾隆皇帝审阅，只要是皇帝中意并喜欢的，就都会被“题诗”和“题赋”。这种带有乾隆诗赋的玉器，把玩和收藏价值也要更高一些。

需要指出的是，“乾隆工”并非单指乾隆时期宫廷所制玉器，凡是在玉质、造型和做工上能够达到“乾隆工”水准的玉器，都是可以称为“乾隆工”的。

肆 文玩与雅士

第一节　帝王有雅趣

若论古代把玩界的『王者』，帝王贵胄们自然不会将这一称谓拱手让人，依仗着自身的财富和地位，帝王贵胄们在把玩上也有自己一套独特的方法。只要能够获得乐趣，什么样的把玩物都能被帝王贵胄们『驯服』，这便是真正的『王者雅趣』。

唐玄宗杨贵妃宠爱『雪衣女』

唐朝皇帝多有禽鸟之癖，太宗玩鹦哥曾经受到魏征的斥责，而太宗的曾孙玄宗也有一个颇为有趣的禽鸟故事。

自武惠妃香消玉殒之后，唐玄宗整日郁郁寡欢，他的宠臣高力士为使他振作，特地到宫外寻觅，在他的儿子寿王府中见到杨玉环，叹其美貌惊为天人，遂着手为玄宗安排了一次偶遇。

玄宗见杨玉环肤若凝脂，眉目含情，容貌与武惠妃有几分相似，美丽又胜过武惠妃，便倾慕于她，可惜得知她竟是自己的儿媳，玄宗又开始惆怅了。高力士再献良策让玄宗打着孝顺的旗号，以为窦太后祈福为由，逼迫寿王李瑁将杨玉环送去庙里做五年道姑，再为其重新物色一位重臣之女代替杨玉环做寿王妃。等守戒期满风波平息，再下诏让杨玉环还俗，接入宫中，册封贵妃。

如此一番折腾，唐玄宗如愿得到杨玉环。他发现杨不仅生得好看，还能歌善舞，更与自己心意相通、情趣相投，于是越发宠爱。两个人一起创作霓裳羽衣曲，在宫中灯红酒绿、夜夜笙歌，好不畅快。

大臣、贵族、宗室为了讨好皇帝和贵妃，变着花样献上礼物。一日岭南地区献上一只通体雪白、会说人话的鹦鹉。唐玄宗与杨贵妃十分喜爱，称它为“雪衣女”。唐玄宗素来对鸟类极富温情，早年在禁院见过一只黄莺，为之取名为金衣公子，后来民间的一只绿毛鹦鹉协助破了命案，他就派人将鹦鹉接进宫中养育，并赐封号为“绿衣使者”。

“雪衣女”比之“金衣公子”“绿衣使者”更加聪慧，驾驭语言的能力更强，不需要笼养。唐玄宗随便念出一首诗句，“雪衣女”就能跟着诵读，出口无误。唐玄宗于是命杨贵妃教“雪衣女”念《多心经》，“雪衣女”十分听话，性情也好，与贵妃很是投缘。贵妃念一句，它就跟着念一句，像一个乖巧伶俐的小孩。

一来二去的教导，日夜不息的诵读，在宫人们眼中，“雪衣女”似乎是在为贵妃卖力地祈福。

“雪衣女”几乎不离皇帝和贵妃左右，日夜守候，就连玄宗与诸王博弈时，也要陪伴在左右。每当玄宗要输棋时宫人们便呼唤“雪衣女”，“雪衣女”闻讯飞来，踏上棋盘挥舞着翅膀扰乱棋局，为难看的皇帝挽回一点面子。

然而有一天“雪衣女”径自飞上了贵妃的梳妆台，向杨贵妃诉说自己昨日做梦被鸷鸟击杀，贵妃觉得不可思议，继续教它读经。后来唐玄宗约贵妃去偏殿玩耍，将“雪衣女”放在步辇竿子上，这时天空中不知从哪儿冒出来一头凶猛的鹰，一个俯冲下来与“雪衣女”展开搏斗，不到一个回合，“雪衣女”就倒在了地上。

见到“雪衣女”惨死，唐玄宗与杨贵妃皆痛惜不已，杨贵妃更是追悔莫及，每每想到“雪衣女”就噙着一滴泪，宫女们见了这般扮相的贵妃竟然觉得可爱，于是纷纷效仿贵妃的滴泪妆，和贵妃一起“思念”起“雪衣女”来。

彩陶鹦鹉

年代不明。高17.5厘米。

爱斗蛐蛐的朱瞻基

明宣宗朱瞻基幼年时被他的皇爷爷朱棣与父亲朱高炽寄予厚望，他也因此得到了很好的栽培，可谓文武双全，不但能够上马带兵打仗，而且书画造诣也颇高。他即位后的十年政治开明，社会稳定。他在朝中善用能臣，将其父“能者上，庸者下”的治国理念落到实处，并开设太监文化学习班，为自己培养众多得力的“公务助手”。当有了这一切之后，宣宗便有时间来满足一下自己小小的癖好——斗蛐蛐。

朱瞻基很小的时候就喜欢斗蛐蛐，但是疼爱他的徐太后怕他玩物丧志，下令将宫里的蛐蛐全部铲除。但即便这样也抑制不住朱瞻基内心的愿望，这种想玩不能玩的感觉反而刺激了他继续玩下去。

朱瞻基即位后，再也没有人敢阻拦贵为天子的他，尤其是天子心心念念的不过是这么小的一个愿望。于是，当他下令让人到民间采办上等的蛐蛐送入宫中，让工匠制造精美的虫器的时候，群臣只是嘟囔两声就不再抗议便是再正常不过的事情了。

但是，听闻皇帝玩蛐蛐玩到了废寝忘食的程度，地方官员便纷纷取悦他，变本加厉地下达任务发动百姓捉蛐蛐，这给他的百姓带来了不小的麻烦，于是坊间流传“促织瞿瞿叫，宣德皇帝要”。因为他一人的喜爱，一些不务正业的人专门捕好的蛐蛐养在金丝笼里，疯抬蛐蛐的价格，动辄每只数十金，一时间蛐蛐的命比人命还要重。

当时，枫桥的一个芝麻官被上官派遣去捉蛐蛐，可周围地区的蛐蛐几乎被捉尽，一只不错的蛐蛐都很难找了，他赶了很远的路，找了很多地方，终于在一个商贩那里寻到一只“促织将军”，商贩将蛐蛐的价格卖得极贵，他不舍得买，又捉不到别的蛐蛐，上官将他逼得紧了，只好用一匹骏马的代价将它换了回来。小官灰头土脸地将蛐蛐运回家中，他小心翼翼地把这个命根子放在了蛐蛐罐里，并叮嘱娘子照看好它。

夜里他的小娘子听到虫鸣，那声音好听极了，仿佛是被声音蛊惑，她好奇地走到跟前将蛐蛐罐盖子开了一个小缝，正欲看，那只活泼的蛐蛐敏捷地从罐中挣脱出来，跳到地上，跑没了影。她的妻子惊慌失措，踉跄着去追，好歹也是个蛐蛐将军呢，区区一个妇人怎能追得上。

好不容易追到的时候，可怜的蛐蛐已经被院里的鸡给啄得奄奄一息，小娘子一屁股坐在地上丢了魂，她自觉闯下大祸对不起夫君，自缢而去。这位小官得知后亦悲伤不已，也脖子一歪随娘子去了。

这个颇有些悲伤的故事告诉我们，在“上有所好，下必甚焉”的年代，玩物虽无伤大雅，但如果被皇帝痴迷上，便完全是另外一种景象了。

明　佚名绘《明宣宗马上像》轴

84.1厘米×68.1厘米。中国台北『故宫博物院』藏。

『香炉皇帝』朱瞻基

除了爱斗蛐蛐，朱瞻基还特别喜欢把玩香炉，在登基当皇帝的第三年，他还亲自参与设计了一批铜香炉。这批被称为“宣德炉”的铜香炉虽然只有较少几个流传至今，但每个都称得上是香炉中的极品，极具艺术价值和收藏价值。

大明宣德三年，朱瞻基漫步在皇宫之中，发现宫中的器物陈设过于简单，没有带有自己印记的东西。为了完善宫中装饰，也让后世能记住自己，朱瞻基决定打造一批自己喜爱的香炉摆在宫中，这样自己看了欢喜，传到后世也是一段美谈。

为此，他特命内务府着手办理此事，同时还明确提出自己要全程参与香炉的制作。皇帝要亲自参与，内务府官员们自然不敢怠慢，他们先后找出了前代传下来的数百种香炉设计样图，拿给朱瞻基审定。

本着“以自我为中心”的原则，朱瞻基筛掉了其中的上百种设计方案，只留下十几种设计方案。确定好方案后，他又为此次香炉设计确定了两个基本原则，一是器物要稳重有中庸之美，二是器物要简约而不简单。

按照皇帝定好的原则，内务府官员们开始着手进行成本估算。如果想要做到上品香炉的效果，需要把铜料冶炼 6 次，刨除掉铜料冶炼的耗材，冶炼 6 次之后，原有的铜料也就只剩下一半左右。如果按照皇帝确定的做 3 000 件香炉来办，现在内务府的铜料是远远不够的。

少冶炼几次？那绝对不行！得知铜料不足，朱瞻基迅速拨款从西域购进了大量红铜。铜料冶炼次数不仅不能减少，还要在原有基础上再翻一倍。为了让自己制作的香炉比其他香炉更为高级，朱瞻基还特批可以在香炉中加入适当的金、银等重金属。

万事俱备，内务府便找好匠人开始调配金属，经过反复调控冶炼火候，浪费了不少铜料之后，3 000 件极品香炉被成功铸造出来。

这 3 000 件极品香炉的底部统一打上了“大明宣德年制”的字样，因此被统一称为“宣德炉”。由于每件香炉中掺入的各类金属比例并不相同，所以这些香炉的色泽也都多有不同，有的呈褐色，有的则呈藏青色。

大明宣德年制香炉

高7.9厘米。大明宣德炉是明代工艺品中的珍品，在很长一段历史中是铜香炉的通称。因只有3 000件，又是皇帝亲自监工制作，所以显得异常珍贵。香炉外形与其他炉无异，但是其除了铜之外，也加入了金银等贵重材料，且宣德炉要经十二炼，因此炉质也显得更为细腻，此炉颜色为暗紫色，香炉表面还有花纹，外表美观。

经过 12 遍冶炼工艺制成的香炉，去除了绝大多数杂质，剩下的多是些较重的金属。而金属混合比例的不同，又让这些香炉很难生出明显的锈迹，这也是为什么那些流传至今的“宣德炉”依然能光彩夺目的一个主要原因。

心爱的香炉制成后，朱瞻基每天都会去宫中转上一转，一边欣赏，一边把玩，看着这些极品香炉个个宝气十足，朱瞻基应该是颇有成就感的。

爱玩葫芦的康熙帝

知道乾隆皇帝爱玩核桃的人很多，但知道康熙皇帝爱玩葫芦的人没有那么多。事实上，说起玩葫芦，康熙皇帝不仅玩出了水平，还玩出了风格。

皇帝玩葫芦，自然要比普通人玩得高端些，至少在葫芦的选材用料和制作工艺上，要体现出天之骄子的气质来。

为了获得更多更好的把玩葫芦，康熙皇帝特地命人在瀛台的丰泽园中种满葫芦，并安排专人负责养护。自己种植葫芦，可供选择的葫芦就足够充足，这也是康熙时期可供把玩的精品葫芦器

清　宫廷画家绘《康熙帝便装写字像》轴

北京故宫博物院藏。

频出的一个原因所在。

制作把玩葫芦的原材料有了，接下来就要在制作工艺上下功夫了。为了保证制作工艺的精良，康熙皇帝委任宫廷官员亲自督造生产。在设计那些极具特色的精品葫芦器时，康熙皇帝也充分融入了自己的设计思路。

匏制勾莲纹壶是众多葫芦器精品中的一个，这款葫芦壶壶身为球形，上雕有勾莲纹，壶口与壶盖采用玳瑁镶边，壶流与壶柄都呈方形，壶底则刻有“康熙赏玩”字样。从其流口大而内无滤网可以判断，这款壶并非用于饮茶，多半是用来饮酒的。

匏制饕餮纹炉整体造型规整，纹饰精美，外壁被一圈回形夔纹包围，腹部有二夔龙俯首相向纹样，恰好构成一组饕餮纹。炉口有铜制扣口，内壁涂有黑漆，外底则有“康熙赏玩”字样。看得出这又是一件康熙皇帝中意的精品葫芦器。

除了这种中规中矩的葫芦器外，康熙皇帝还命人制作了一些个性鲜明的把玩葫芦器，如匏制蒜头瓶、匏制团寿字六棱瓶、匏器镶象牙蝈蝈罐等。在康熙皇帝手中，葫芦器设计制作的工艺得到进一步发展，葫芦器把玩和收藏也开始变得火热起来。

康熙皇帝制造的这些葫芦器，除了放在宫中供自己鉴赏、把玩外，还被当作珍贵礼物送给朝中大臣和外来使臣。独乐乐不如众乐乐，看样子康熙皇帝是想让更多人加入把玩葫芦的行列。

刻了千枚印章的乾隆皇帝

历代帝王喜好书画印章的不在少数，但真正将盖章艺术发展到极致的，几千年来也就只有乾隆皇帝了。

自诩文采风流的乾隆皇帝对书画艺术极为喜爱，仗着自己万人之上的身份地位，搜集了许多历朝历代的名人书画。要说作为一国之君，收藏些珍品书画倒也没什么，但乾隆皇帝不仅热衷收藏书画，还颇喜欢在这些珍品书画上赋诗盖章。单就个人印玺，乾隆皇帝

清乾隆 『自强不息』玉印▼

该玉玺为正方形碧玉印，上方为一条盘踞的龙，下印面为『自强不息』四个字，为乾隆御用，是八套组宝之一。

◀清乾隆 『墨云室』玉印

通体椭圆形碧玉印，双螭钮，印『墨云室』三字。

就为自己做了 1 000 多方。

乾隆皇帝做这么多印玺干什么？从实用角度来讲，皇帝在批阅奏章后，需要盖上自己的印章，以表示皇帝看过了，这是日常办公之所需。而从艺术角度来讲，皇帝在欣赏完书画珍品后，多会有一些感慨，光赋诗一篇还不够，怎么也要留下个“个性签名”才算圆满。正是从这两方面考量，乾隆皇帝才给自己做了那么多印玺。

《乾隆宝薮》中记载了乾隆皇帝的各式印玺，其既有大小、方圆之分，也有不同形制样式的区别，各类动物造型、亭台楼阁造型、乾坤八卦造型、花木果蔬造型的印玺应有尽有。若要从材质上分，则又有白玉、青玉、寿山石等宝石材质印章，以及金、银、铜等金属材质印章。基本上能够用作印玺的材质和造型，都被乾隆皇帝用了个遍。

古人在做印章时，常做的有姓名字号印、收藏鉴赏印和书简印几种，在这些基本印章外，有的人还会刻些个性化的印章。乾隆皇帝这 1 000 多方印玺中，基本印章不少，但更多的是那些个性化印章。

比如，为了纪念自己 70 岁和 80 岁生日，乾隆皇帝分别刻了“古稀天子之宝”印玺和“八徽耄耋之宝”印玺；为了祝贺自己当上太上皇，乾隆皇帝又刻了“太上皇之宝”印玺；为了把自己的诗作融入珍品书画中，乾隆皇帝还刻了“吟咏春风里”“诗书悦性存”等印玺。

可以说，在印玺内容上，只要乾隆皇帝能够想到的，就会被刻在印玺上。每样内容的印玺刻一方还不够，换个形状再多刻几方才有趣，于是我们便可以看到一些流传至今的字画上，光是“古稀天子”字样的盖印就有好几种，“八徽耄耋”的盖印更是不在少数。

刻了这么多印玺，只拿在手里把玩是没什么意思的，相比于把玩，乾隆皇帝更喜欢拿这 1 000 多方印章来盖印，“万物皆可盖印”是乾隆对使用印玺的基本方略。

于是我们可以看到，王献之仅写了 30 多个字的《中秋帖》，被乾隆盖了 80 多个印；王珣的《伯远帖》上更是眼见之处皆是印章。在如此名贵的书画上“乱涂乱画”，也只有千古一帝能做出这样的事来。

印章是古人书房中的重要雅玩，随着文人雅士的探索钻研，印章早已跳脱出原有的凭信价值的局限，成为一种集实用和审美于一体的文房清玩。一方做工精美的印章，可以将书法、雕刻、绘画艺术之美融于一体，极具把玩和收藏价值。

如果从这一角度来看，乾隆皇帝的 1 000 多方印章，无论从选材还是做工上，都可以称得上是精品中的精品。也正是由于他独特的盖章爱好，才为后世留下了如此多的印章珍品。

第二节　雅士有雅志

把玩器物的精美程度比不过帝王贵胄，文人雅士们只得在其他方面『独辟蹊径』。爱砚成痴的米芾，自造紫砂壶的苏东坡，这些文人雅士们偏好这种自得其乐的把玩方法，不攀比、不计较、好分享，方得把玩之乐。

蟋蟀宰相贾似道

古代玩蟋蟀的人有很多，有的人将其作为闲情逸趣，打发空闲时间；有的人将其作为主要职业，靠它赚钱养家；有的人则将其作为“军国重事”，国难当头仍乐在其中。这位将玩蟋蟀当作“军国重事”，外敌入侵、国难当头尚且无法自拔的人不是别人，正是《促织经》的创作者、蟋蟀宰相贾似道。

贾似道是南宋后期的权臣，出身官宦世家，但年幼时父亲过世家道中落，只得浪迹街头为生。后因姐姐被选为宋理宗贵妃，贾似道的命运发生巨变，短短十年时间，就从一名看仓库的小官，变成了国家重臣。

民国　齐白石绘《蟋蟀图》

1259年，忽必烈率重兵包围鄂州，贾似道以右丞相身份领兵据守。经过一个多月的艰苦鏖战，双方伤亡惨重，谁也没有占到上风。受不住战争煎熬的贾似道想要用割地、赔款的方式与忽必烈讲和，却遭到忽必烈拒绝，双方只得继续对峙。又过了一个月时间，贾似道获知忽必烈准备率兵北返争夺汗位，就又派人去找忽必烈议和。这一次忽必烈答应了贾似道的议和请求，带着大部队离开了鄂州。

看到蒙古军大部队已经走远，贾似道撕毁议和条约，率兵将殿后的一百多名蒙古士兵击杀，带着肃清蒙军的战绩回到了朝廷。如此“大功”，让贾似道的风光一时无两，在得到宋理宗的充分信任后，贾似道真正成为南宋朝廷中一手遮天的人物。

当绝对权力在手之后，贾似道便开始大力发展自己的业余爱好。在当时的社会风气下，蹴鞠、喝酒、斗鸡都颇为盛行，贾似道对于这些消遣娱乐并不热衷，他的爱好相对独特，他最喜欢养蟋蟀、斗蟋蟀。

斗蟋蟀在南宋时期并不算是小众娱乐，许多普通百姓和高官贵族都很喜欢这项活动，就连一国之君也对这项活动颇感兴趣。

在一次上朝时，贾似道所带的蟋蟀爬到了宋理宗的胡须上。宋理宗想要捉却没有捉住，只得让众位大臣一起跟着捉，一时间，办理公务的朝堂变成了捉蟋蟀的娱乐场所。看来，贾似道能够赢得宋理宗的信赖，蟋蟀也是功不可没的。

一般人斗蟋蟀可能只是为了高兴，为了陶冶性情，贾似道却将其当作了一个课题来研究。为了自己玩得更好、玩得更透，也为了让更多人真正了解玩蟋蟀这项活动，贾似道凭借自己多年实践经验，创作了《促织经》一书，详细介绍了把玩蟋蟀的基础知识和进阶技巧。

这是我国第一部研究蟋蟀的学术著作，对把玩蟋蟀的各个方面都进行了详细介绍，比如识类、辨色、抓捕、调养与斗技等内容，虽然多有虚言，但其中也有不少科学的理论知识。在这部著作中，贾似道还用单独一篇专论，探讨了当时人们爱好斗玩蟋蟀的原因，好让读者明白自己为何对斗玩蟋蟀无法自拔。

这边贾似道在不断钻研蟋蟀之道，那边忽必烈已经争得汗位，挥师南下，攻向襄阳。襄阳告急的文书不断传来，贾似道却依然在集芳园中与妻妾斗蟋蟀，就好像襄阳被围之事并未发生一样。

此时的贾似道似乎也清楚，大厦将倾之时，仅凭他一人之力是无法挽狂澜于既倒的，倒不如沉醉在蟋蟀之乐中，还能少些忧愁和烦恼。但不知他此时是否思量过，大宋走入这般末路，自己在其中扮演了何种角色。

诸葛羽扇背后的传说

扇子在中国古代既是器物又是文玩，文人弄扇一直被视为无比高雅的行为。中国古人经常给扇子寄寓它实用之外的文化含义，例如君王出行仪仗用的障日扇，就有表明君王“广开视听，求贤人以自辅”的良好政治愿望的意味。

说起古人用扇，恐怕最具有代表性的就是诸葛亮的“羽扇纶巾”了。那么诸葛亮的扇子真的只是拿来彰显儒将风采这么简单吗？羽扇的背后又藏有怎样的传说故事呢？

步輦圖

唐 阎立本 步辇图

长129厘米，高38.5厘米。此画描绘的是唐太宗李世民在宫内接见松赞干布使臣的情景。画面右侧李世民端坐在宫女抬着的步辇之上，另有两名宫女在后持障扇。障扇是古代帝王或贵族出行时的一种仪仗，上圆下方，扇大柄长，作障尘蔽日之用，也有表明君王『广开视听，求贤人以自辅』的美好政治愿望的意味。

诸葛亮出生于 181 年，字孔明，号卧龙，是琅琊阳都望族的后代。他的母亲去世很早，八岁时父亲也离开了人世，原本幸福的一家人接连遭受打击，失去生活依靠的诸葛亮一家只得搬去隆中，以种菜耕地为生。

那时别人在地里干活，讨论的都是庄稼收成，诸葛亮却时常将自己比作管仲、乐毅，发表自己对天下形势的看法。他每天熟读各种兵书，并将书中的观点精髓不断总结，融合到当下现实的分析中去。

他在隆中住了十年，这十年里，他并非整日宅在家中读死书，而是经常出去走动结交名士，了解当时的时局。转眼就到婚配的年纪。襄阳名士黄承彦听说他有娶妻的打算，便把家中的小女儿阿丑推荐给他。

别人的父亲为自己女儿说亲，多少都会美言几句，黄承彦则相反，他只对诸葛亮说："闻君择妇，吾有一丑女，黄发而色黑，才堪相配，肯容纳乎？"意思就是说我家女儿长得可不好看，你娶不娶？

谁知诸葛亮听后欣然答应，并主动提出要去府上拜见阿丑。一见才知阿丑其实是被其父亲丑化，实际上她是一个聪慧有礼、才华卓绝、让人移不开眼的气质美女。第一次见面分别时，阿丑送给诸葛亮一把羽扇。

诸葛亮不明缘由，阿丑便对他说："这羽扇取材于我家鹅身上的羽毛，鹅的性情最是机警，有什么风吹草动，它都能够第一时间感应。你将这羽扇带在身边，遇事时轻轻一扇可助你才思敏锐，提醒你万事机警。方才见你与我父亲畅谈天下大事，讲到高

明 佚名 孔明出山图

兴处便气宇轩昂、眉飞色舞，讲到困难处就眉头紧锁、面露愁容。大丈夫做事情，应喜怒不形于色，我将这羽扇赠予你，必要时也可做遮面用。”

诸葛亮听后连连称是，心里对阿丑又是敬佩又是感激，他深深地被阿丑的才华与智慧折服，于是开始钟情于她，二人因扇生情。快要成亲时，阿丑为了考验诸葛亮，给他出了一道难题。她提出成亲时不坐轿不骑马不乘船的“三不条件”。诸葛亮苦思冥想设计出木牛流马，才解决了问题。

再后来诸葛亮拿着夫人赠送的这把羽扇一刻也不离身，烧新野、取西川、出祁山，创造了诸多奇迹，就连他病逝五丈原前，还用这把羽扇吓退了司马懿的大军。

当然这个故事还有另外一个版本，诸葛亮的老婆黄月英是一位十分美丽的女子，各方面的才能都很好。她的父亲黄承彦特地请来名师培养她，并为她取名阿丑，目的就是为了有朝一日求娶女儿的男人能够有眼识得金镶玉，看到并钟情于女儿的才华而不仅仅只是迷恋她的外表。

黄月英在读书时颇得各位名师的喜爱和看重，曾经她的一位老师送给她一个传世宝贝，是一把写满治国良策和行军计谋的羽扇。老师对黄月英说：“这把扇子中藏有两个字，乃是点睛之笔，你来猜一猜，是哪两个字？”

黄月英仔细查看，忽然莞尔一笑：“是‘明’和‘亮’这两个字，对吗老师？”

老师满意地笑道：“果然是聪明的孩子，你记住，将来一定要嫁给名字当中既有‘明’字又有‘亮’字的人，那人便是你的如意郎君。”

后面的故事大家已经知道了，诸葛亮，字孔明，他的名字中刚好既有“明”又有“亮”，于是黄月英就嫁给了诸葛亮，并把这面可以窥破宇宙、洞察万物的宝扇送给了诸葛亮。

爱砚狂魔米芾

中国古代文人多“砚痴”，他们认为“文人之有砚，犹美人之有镜”，把砚比作美人，其痴爱可见一斑。那么古人的爱砚可以疯狂到什么地步呢？参考一下爱砚狂魔米芾吧！

米芾字元章，他出生的时代是一个群贤毕至的时代，很多艺术大家们都生活在这个时代。自宋太祖“杯酒释兵权”，远武将而近文臣开始，宋朝以文治国的基本基调确定下来。“男儿欲遂平生志，六经勤向窗前读”的社会风气逐渐形成，士人们皆倾注毕生精力狂热追求科举功名。

米芾的父亲曾是宋英宗做太子时府内的侍卫，母亲阎氏在他年幼时又做了英宗与高皇后儿子的乳娘，因而米芾可以说是生长在帝王家中的。米芾童年成长的环境优渥，不愁吃穿，自幼热衷绘画的他有机会获得众多宫廷画师的指导，还到处收集名画法帖，让他在各种字画书籍的熏陶下茁壮成长。

后来高皇后的这个儿子继位为神宗，因感念阎氏旧日的乳褓恩情，赐米芾秘书校字郎的职位。米芾有了与神宗的这层交情，加上少年天才，任谁都会觉得他一定会步步高升，然而对于官场仕途，米芾却丝毫没有兴趣。

米芾为人清高，并不擅长官场逢迎，对权位也并不热衷，导致他一生都未曾触及权力的核心，没做过什么真正的大官。但这也使他赢得了更多的时间去玩石赏砚，钻研古画。他有一个收藏怪癖，什么古玩金石、名贵字画，只要是他能看上眼的，都要想方设法地弄到手里。

米芾非常喜欢临摹古画，经常千方百计地把朋友收藏的古画借过来临摹，临摹完毕再将自己的作品混在真品里一同送还主人，让其自行分辨。他的画意太精湛，有时朋友分不出哪个才是真迹，竟将他的摹本当作真品拿回家中，过了许久才发现是假的。这种游戏就是让米芾跟朋友玩个几百回他也不会腻，可是谁也想不到，他竟敢把魔爪伸向皇帝的口袋，向徽宗疯狂勒索。

在这里先来介绍一下这位徽宗皇帝，宋徽宗赵佶是宋神宗的第十一子，其书法绘画造诣颇高，独创了“瘦金体”。宋徽宗的兴趣爱好广泛，对笔墨丹青、飞禽走兽、奇花异石、骑马射箭等都有着浓厚的兴趣，后人评价他是“诸事皆能，独不能为君尔”。

有一日，宋徽宗想见识米芾的书法造诣，于是把他召入宫中，并命人备好了自己御用笔墨纸砚供他使用。谁知米芾一眼就看中

传宋　米芾　兰亭端砚

长方形砚台。端砚可谓是历史悠久，顾名思义，以王羲之会稽山兰亭雅集作为背景，此砚台右下侧刻的是王羲之的兰亭集序全文，并在开端有双龙圆玺，砚的背面则刻有乾隆四十一年之砚铭，据说清圣祖曾经用过此砚。

宋　赵佶　听琴图

长51.3厘米，高147.2厘米，绢本，设色，现藏于北京故宫博物院。此幅描绘的是官僚贵族雅集听琴的场景。图中抚琴者是赵佶本人。

了徽宗的一块砚台，但那可是御用之物，怎样才能把它据为己有呢？米芾思考了一会儿，忽然计上心头。

他先是不动声色地按照皇帝的指示，笔走龙蛇般在屏风上面题着字。题好规规矩矩地呈给徽宗看，徽宗一看，颇有找到知音的感觉，连连赞赏。

徽宗笑问米芾："米爱卿，他们都称你是书法大家，依你看，朕的字比之于你，如何啊？"米芾心想：倘若说徽宗的字更好岂不是要扫自己脸面？可若说自己的字更好，那皇帝的脸面将置于何地呢？他余光一扫，看到了刚刚心仪的那块石砚，说："臣以为在皇帝中，您的字天下第一；在大臣中，臣的字天下第一。"宋徽宗一听哈哈大笑。

见徽宗心情大好，米芾便一改写字时的认真模样，几近癫狂地一把将那块石砚捞入袖中，想要借机顺走。徽宗本想装作没看到，奈何米芾心太急，将那砚上的墨汁沾染了一袖子，还险些流到地上。徽宗哭笑不得但也只好装装样子问道："米爱卿，这是在做什么？"只见米芾不慌不忙地躬了躬身，说道："回禀陛下，此砚被微臣使用过，恐已沾染俗气，陛下怎可再用，不如陛下将此砚赐予微臣吧！"说完大拜徽宗。

宋徽宗早就听闻米芾爱砚，当下也只不过找了个荒唐借口，徽宗爱惜他的才华不忍拆穿，便答应将砚赠予他。得到石砚的米芾不顾墨汁沾染衣袖，高高兴兴地将它揣回了家。

苏东坡造紫砂壶

宋代大文豪苏东坡可以说是一位生活艺术家，且不说他的从政成就如何，单从吃喝这两件事上来讲，他这个“生活艺术家”的头衔就是实至名归的。

在总结自己人生的诸多乐事时，苏东坡曾提到“客至汲泉烹茶”的内容。饮茶是苏东坡的特别爱好，在工作之余，他经常通过饮茶来陶冶性情。为了能够喝到最为正宗的茶水，苏东坡不仅自己种茶煮茶，还探索出了四条饮茶要旨。

苏东坡的第一个饮茶要旨是选茶时一定要选阳羡唐贡茶，这是专供皇宫的御用茶；第二个饮茶要旨是烹茶一定要用金沙泉水，

元　赵孟頫　苏东坡像

纸本水墨 27.2 厘米 ×11.1 厘米。

吴云根款东坡提梁壶

民国时期制，壶身书刻七绝诗句，落款悟生氏。底印：吴云根印。高22厘米，口径9厘米。此壶以团山老泥制成，泥色熟而黄，铭刻古而雅，拙中藏灵动，构思巧妙、生动、传神。吴云根是『紫砂七大名艺人』之一，作品多次选送参加国内外大展，为各大博物馆、文物馆收藏。

这种水的矿物质含量更为丰富；第三个饮茶要旨是煮茶必要用桑叶烧火；第四个饮茶要旨则是泡茶时一定要用宜兴的紫砂壶。

说到这第四个饮茶要旨，苏东坡为了能够畅快饮茶，还曾亲自制作过一款提梁较高的紫砂壶。

北宋神宗年间，王安石变法获得宋神宗的支持，苏轼等人因此被贬。被贬到宜兴的苏轼在一座孤山上定居下来，因为觉得这里的环境与自己老家四川颇为相近，他便将这座孤山命名为蜀山。蜀山的名号就这样被传颂开来。

定居宜兴后，苏轼依然每日饮茶，但时间一长他发现，当时饮茶的紫砂壶都太小了，自己还没喝过瘾，茶水就没了。朋友过来拜访，茶水更是分都不够分。为此，他因地制宜，从宜兴当地找来制壶工具和上好的天青泥，开始尝试自己制作紫砂壶。

小小的紫砂壶看着简单，但制作起来没那么容易，更何况，苏东坡这次要做的是一个突破传统形制规格的“大紫砂壶”。拜访了许多紫砂壶匠人，折腾了好几个月，也没做成一个像样的紫砂壶，苏东坡愁得连肉都吃不下去了。

一日，正准备入睡的苏东坡看到老仆拎着灯笼走过房门，看着看着，他从灯笼造型中得到了灵感。第二天一早，苏东坡便做好了泥坯，为了防止茶壶肩部塌陷，他又用竹子在茶壶内壁做支撑，等到泥坯硬化后，再把竹子拿掉。

壶身做好后，苏东坡开始考虑做壶把手。一般的紫砂壶把手都在壶的边上，像个“小耳朵”一样，但苏东坡做的紫砂壶壶身太大，只在边上做个“小耳朵”并不结实，端茶时也会比较费力。思来想去之后，苏东坡从房屋的大梁中又找到了灵感，他灵机一动，给自己的“大紫砂壶”做了个提梁。经过几个月的精修，苏东坡还真的造出了自己中意的紫砂壶。

苏东坡所造的这种紫砂壶因为造型独特、容量较大，深受后世饮茶人士喜爱。制壶匠人在苏东坡的基础上造出了许多形态各异的提梁紫砂壶。为了表示对苏东坡的纪念，后世所造的这种带提梁的紫砂壶都被统称为“东坡提梁壶”。

藏砚制砚的苏东坡

可能是仕途不顺给了他太多休闲时间，也可能是天资过高让他研究什么都能琢磨出些门道，在古代文玩界，苏东坡可以说是个全才，除了能造紫砂壶，他还对石砚、墨和古镜颇有研究。

早在 12 岁那年，苏东坡便与砚台结下不解之缘。这一年，他在自家宅院中玩耍，偶然间从地洞中掏出一块绿色奇石，爱好书画的他将石头拿到房中研墨，发现石头吸水发墨效果极好，便让父亲将其打磨成砚台。

这方砚台命名为“天砚”，是苏东坡收藏的一方砚台，陪着苏东坡走过了年少的读书时光。苏东坡被贬惠州、儋州后，自知年老力衰，便将这方砚台传给了自己的子辈。其后在战乱之中，“天砚”便不知所踪。

除了“天砚”外，苏东坡还收藏了端砚、菊花砚、绛州澄泥砚、青州石末砚等各种材质样式的砚台。虽是藏砚，但苏东坡并不独享其乐，在把玩之后，他会将好的砚台送给朋友。获得奇石后，他还会亲自制砚送与他人。

有一种“箕形插手砚”就是苏东坡最先创制的，这种砚台在形状上与农人用的畚箕颇为相似，砚台底部是镂空的，只有前端和两侧与砚堂相连。砚台放在桌案上，只有三面与桌案接触。使用者可以将手从缺口处伸入，端起砚台来回移动。

这种砚台因为重量轻、携带方便等特性，受到许多文人雅士的喜爱，有人爱将其称为“抄手砚”，有的人则直接称其为“东坡砚”。

除了这种独特形制的砚台，苏东坡还制作过椭圆形的“卵砚”，为此他还曾专门写了一篇《卵砚铭》，并将“东坡砚，龙尾石。开鹄卵，见苍璧”的字样刻在砚台之上，足见其对这方砚台的喜爱之情。

苏东坡对砚台的喜爱是真实的，每逢获得好砚，便会作文歌咏一番，可谁承想他这种遇到心爱之物便要大书特书的作风却给自己招来了一个小麻烦。

一次，友人送给苏东坡一块福建凤咮砚石。得到奇石后，他兴之所至，立刻制作了一方凤咮砚台。这还不够，他还专门作文歌咏道：“苏子一见名凤咮，坐令龙尾羞牛后。”这里面所提到

传宋　苏轼铭端石东井砚

长11.4厘米，宽7.8厘米。砚为椭圆形，砚堂前端微凸起，后端斜入墨池，砚背下方有二圆柱足，研面凸起款题：『乾隆戊戌御铭』等。

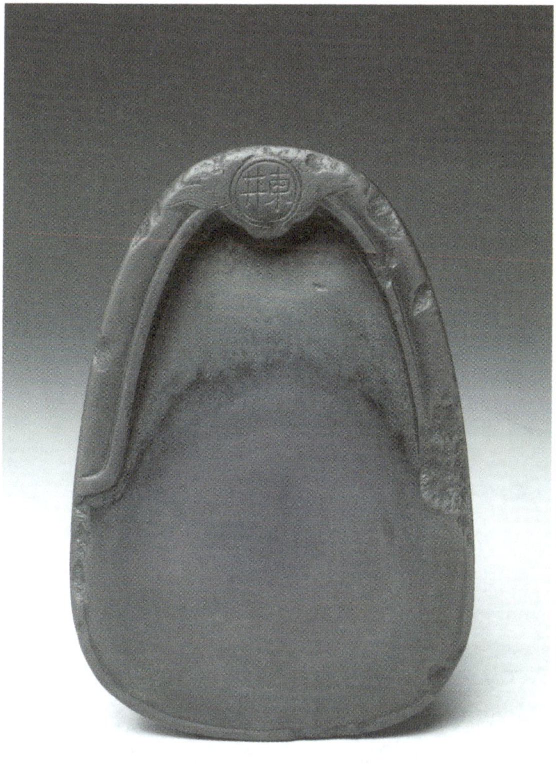

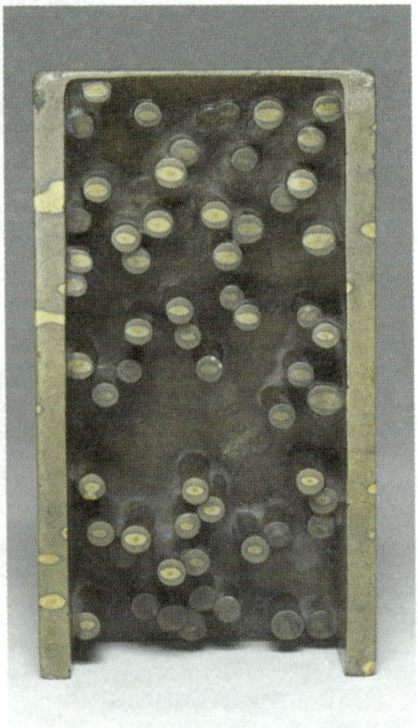

传北宋　苏轼从星砚

棕黑端石，呈长方抄手式砚，呈灰棕色，圆柱石眼呈黄绿色，中间有褐色点，貌似瞳孔，又似众星在天；砚侧刻清高宗铭文与篆印。其木盒盖面刻隶书砚铭与款识：『几暇怡情』『得佳趣』等。

的龙尾指的是龙尾砚，是歙州砚中的上品。

苏东坡夸赞凤咮砚，贬低龙尾砚，这可惹恼了歙州人。不久之后，苏东坡前往歙州婺源求砚石，遭到当地人拒绝："您觉得凤咮砚好，又何必来求龙尾砚呢？"遇到这事，苏东坡才感到自己此前所作之文确实有些过头，后悔不已。

此后，借一次机会，苏东坡挥毫做了一首《龙尾砚歌》，委婉地表达了自己此前的言语失当之过，同时又对龙尾砚大加赞赏了一番。经此一关，苏东坡不仅让歙州人心满意足，还捧得了一方宝砚而归。

到了晚年，苏东坡将自己所藏砚台尽数传与子侄辈。一方方砚台既寄寓了苏东坡对后辈的殷切期望，也传递着苏东坡的诗书人生。

第三节　雅玩有雅颂

那些青睐把玩艺术的文人雅士，不仅身体力行地把玩，还赋诗写文来歌咏这种艺术。像玉器、折扇、砚台等把玩器物，就常成为文人雅士的歌咏之物。

文人咏鸟

在我国诗歌当中，鸟类这一意象的使用是非常频繁的，它们或充当季节的信使，传达着季节变化的信息；或作为诗人志向情感的载体，抒发内心愁苦孤寂的同时，表达他们崇尚高洁自由的品质。

画　眉　鸟

宋代　欧阳修

百啭千声随意移，
山花红紫树高低。
始知锁向金笼听，
不及林间自在啼。

这是一首富含哲理的咏鸟诗，诗人通过对画眉鸟的赞美，抒发被贬后的抑郁情怀，表达了对鸟儿自由生活的向往。

前两句写画眉鸟的叫声千啼百啭，在山花丛中高低飞舞嬉戏，令观看的人赏心悦目。

后两句写诗人终于意识到纵然是养在金笼里的鸟也不如林子间的鸟儿自由幸福。

鹿　柴

唐代　王维

空山不见人，
但闻人语响。

返景入深林，
复照青苔上。

唐代的诗人最喜欢把鸟儿与僧人对举来诉诸对自由的渴望。在文人眼中，鸟儿是最自由的，可以随心所欲地去任何地方，心境独立不染世俗与僧人极为相似。另外僧居山林，鸟儿也居山林，并且鸟儿还算得上是山林的土著居民。

类似的像“草行泥郭索，云木叫钩辀”，“钩辀”是形容鹧鸪的叫声。

▼宋 佚名 写生翎毛图卷

此图相传为宋徽宗赵佶所作设色花鸟画。画中描绘了雀鸟在荔枝树及栀子树丛之中鸣叫、嬉戏的场景。

还有王安石“萧萧抟黍声中日，漠漠春锄影外天”中“抟黍”是黄莺的别称；“春锄”是白鹭的别称。

江畔独步寻花（其六）

唐代　杜甫

黄四娘家花满蹊，
千朵万朵压枝低。
留连戏蝶时时舞，
自在娇莺恰恰啼。

故事中的早春与鸟啼经常被联系在一起，春天最大的魅力，就是生机与活力。“娇”字体现出黄莺歌声娓娓动听，“自在”不仅仅停留在娇莺姿态的描写，更是人内心世界轻松愉悦的写照。“恰恰”指声音连绵不绝，回味无穷。

春　晓

唐代　孟浩然

春眠不觉晓，
处处闻啼鸟。
夜来风雨声，
花落知多少。

昨夜是轻风细雨将诗人送入香甜的梦乡，早上刚刚醒来就听到窗外鸟儿欢鸣，使诗人意识到春天的来临，表达自己喜爱春天、怜惜春光的情感。“处处”是泛指，以声写鸟，一说“处处”是四面八方，亦有说“处处”乃时时刻刻，不论是四面八方还是时时刻刻，鸟噪枝头都是一派生机勃勃的景象。

旅夜书怀

唐代　杜甫

细草微风岸，危樯独夜舟。
星垂平野阔，月涌大江流。
名岂文章著，官应老病休。
飘飘何所似，天地一沙鸥。

诗的前两句，以“细”“微”“危”“独”四字，以及“星垂”“月涌”两个意象准确传达了诗人孤寂悲凉的心情。后两句用天地间孤独飞翔的一只沙鸥对比诗人自己今后漂泊无依的旅程。在这里沙鸥与天地相比虽然渺小，但依然不停歇地飞翔，和诗人因朋友离世而倍感凄苦但并不因此颓废的心意相通。说明他们都有一颗坚强的内心，值得我们学习。

文人咏玉

你可曾发现，“国”字里面有一个玉字，而并非“人”字或者“王”字。这是什么缘故呢？其实不难理解，有句古话叫“国无玉不昌，家无玉不富，人无玉不贵”。由此可见玉在我国古人心目中的地位。

老夫采玉歌

唐代　李贺

采玉采玉须水碧，琢作步摇徒好色。
老夫饥寒龙为愁，蓝溪水气无清白。
夜雨冈头食蓁子，杜鹃口血老夫泪。
蓝溪之水厌生人，身死千年恨溪水。

斜山柏风雨如啸，泉脚挂绳青袅袅。
村寒白屋念娇婴，古台石磴悬肠草。

在诗中，我们看到的是受统治阶级压迫的民工们不停采玉的画面，尤其是年老的玉工们来到蓝田山上采玉十分困难，这里地势险峻，尤其是狂风暴雨的夜晚，采玉人需身系长绳，纵身跃下峭壁，将身体探入水中，忍受饥寒之苦、冒着生命危险下溪采玉。

人们日复一日的开采将原本湛蓝的溪水搅得浑浊不堪，加之采玉危险经常有人死在水里，久而久之仿佛溪水与人之间有着很深的怨恨。同时也暗含了对统治阶级的怨恨，统治阶级只管要最好的“水碧”，不管玉工的死活。

我们由此可以看出唐代统治阶级对玉的重视程度。同样的故事在韦应物的诗中亦有体现：

采玉行

唐代　韦应物

官府征白丁，
言采蓝溪玉。
绝岭夜无家，
深榛雨中宿。
独妇饷粮还，
哀哀舍南哭。

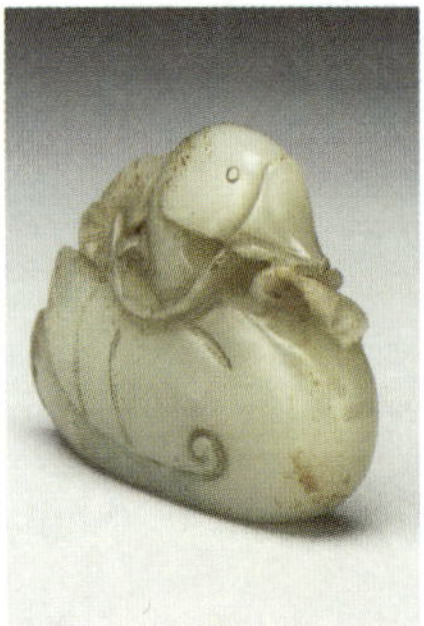

宋至金　玉鹅

玉质细腻，颜色灰白，略带褐斑。整体以卧鹅为造型，长颈尖嘴，羽翼丰满，且口中还衔有一支荷叶。

白玉茶杯

此器胎体较薄，玉质细腻，光泽性强。

清晚期　青玉砚

高10.6厘米，宽7.8厘米。

清　寿山石“皇十五子、竹素园”连珠印

形为长方形，着色微黄，上端浮雕折枝花，一印的下部刻有带边框的“皇十五子”，另一则为“竹素园”，二者形成连珠印。

在陕西蓝田县这个地方，有一座蓝天山，山下有一处三十里[①]长的深溪，人们将其唤作“蓝田溪”，蓝田溪下盛产一种名叫“水碧”的美玉，深受皇室贵族女眷们的喜爱。

当时统治者崇尚玉器，更是将水碧作为玉器之中的珍品看待。官府常常征召玉工无偿去开采水碧，来满足皇室贵族们的豪奢生活。玉工们辛苦劳作一天，哪怕没有意外跌落悬崖溺死水中，他们饥寒交迫无处安身，就算饿也饿死冻也冻死了。

---

① 1 里 =500 米。

正是因为有这样的历史，有无数玉工们挥洒的血泪与汗水的浇灌，我们更应该珍惜今天的幸福，正视玉石给我们带来的价值。

长信秋词五首（其三）

奉帚平明金殿开，
且将团扇共徘徊。
玉颜不及寒鸦色，
犹带昭阳日影来。

诗中描绘的是汉代班婕妤在长信宫中的生活。

前两句写每天早上金殿门一开，班婕妤就开始持帚洒扫，没事的时候就拿着一把团扇在殿中来回走动，百无聊赖。这是后宫中失宠女性每天都需要过的刻板无趣的生活，唯有袖中的团扇与她们命运相同。

后两句运用巧妙的比喻，古代习惯以太阳比喻帝王，故日影指的是君王的恩泽。用“玉”来形容美女才郎的例子也不胜枚举。

如“岂能将玉貌，便拟静胡尘”中用“玉貌”指代女色，“将玉貌”就是献出女色。在汉朝历史上曾用卑劣的和亲手段，用牺牲女人的办法来换取国家的太平，因此“静胡尘”指的就是安抚匈奴的铁骑。

再如“翠叶吹凉，玉容销酒”中，以“玉”来形容荷花美艳，“玉容销酒”在这里形容荷花就像酒意初消、面色绯红的少女一样美丽。

文人咏扇

扇子在中华几千年文明中，早已与传统的民俗、礼乐、审美等文化相融合。古人在文学作品中常用扇子为“女性”代言，表达一些怀旧、惜别、思慕、百无聊赖的寂寞等情感。

蝶恋花·聚骨扇

金朝　完颜璟

几股湘江龙骨瘦，巧样翻腾，叠作湘波皱。
金缕小钿花草斗，翠条更结同心扣。
金殿珠帘闲永昼，一握清风，暂喜怀中透。
忽听传宣须急奏，轻轻褪入香罗袖。

这是一首经典的咏物词，所咏之物是“聚骨扇”，它被看作咏扇词中的上驷乘之作。

词的上阕描绘的是聚骨扇的外观形象。第一句就交代了制扇材料，取湖南湘江的湘妃竹制作扇骨，像龙骨一样精巧，“湘波皱”非常传神地写出了扇子展开后的褶皱如江水起伏。接着描写了扇面上的花纹“金缕小钿”，形容装饰十分华丽，“花草斗”是说花纹活灵活现，灵动逼真。“同心扣”指的是与扇骨连接的扇坠。

词的下阕由扇及人，开始抒情。诗人乃是金朝皇帝，此时于金銮殿中久坐，优哉游哉地扇着扇子是多么的难得和闲适，可以看出诗人心情愉悦。后面还有一个反转，这时突然来工作了，不得不把闲适的心情收起来，看出诗人的不舍，前后对比可见当时这把聚骨扇对深宫皇帝的休闲生活起到了不小的作用。

菩萨蛮·题梅扇

宋代　周纯

梅花韵似才人面，为伊写在春风扇。
人面似花妍，花应不解言。
在手微风动，勾引相思梦。
莫用插酴醾，酴醾羞见伊。

词的上阕写诗人观扇，看着画上的梅花想起了心上人，表达对心上人的倾慕爱恋之情。这扇上的梅花清韵就好像心上人的容颜，是多么美好呀，可惜梅花你大概不能理解我的语言吧。这里

明　唐寅绘《秋林图》

成扇。19.5厘米×52厘米。唐寅，字伯虎，号六如居士、桃花庵主等。明代著名画家、书法家、诗人，『吴门四家』之一。诗文流畅通俗，与祝允明、文徵明、徐祯卿并称『吴中四才子』。

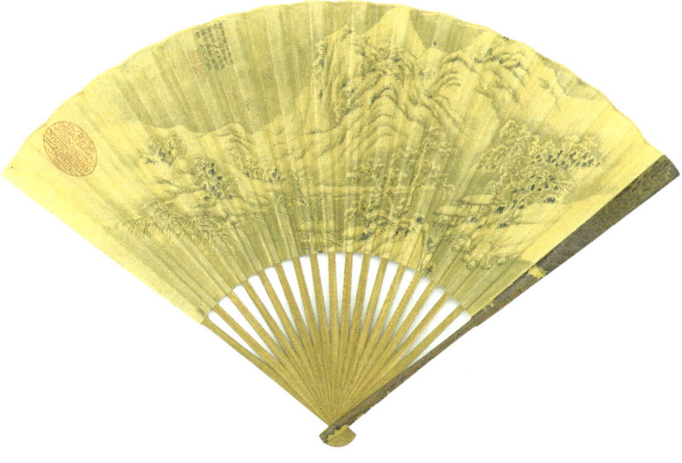

明　文徵明绘《雪山茆店》

成扇。17厘米×48厘米。文徵明，明代著名书画家。多才艺，学书师从于李应桢，学文师从于吴宽，学画师从于沈周。

诗人巧妙地借梅花赞美佳人，于诗人眼中花不如人美，人美胜于花。

词的下阕写扇子在手中徐徐摇动，轻柔的风抚在脸上，就好像佳人在侧，勾起相思之梦，且与上阙的春风相呼应，春风和煦有爱抚怜惜之意。这首小令恰恰体现了文人意玩的高深境界，看似在把玩梅扇实则是思念佳人，如情话呢喃。

秋　夕

唐代　杜牧

银烛秋光冷画屏，
轻罗小扇扑流萤。
天阶夜色凉如水，
卧看牵牛织女星。

这首诗呈现的是一幅深宫生活的图景。在一个秋夜里，蜡烛发出的银白色的光打在屋子里的风屏上，为之增添了几分清冷幽静的色调，宫女被庭院的萤火吸引，索性走到屋外用小扇扑赶着流萤，一下一下地像在驱赶着内心的孤独和寂寞。

古人常以扇子比喻弃妇，因为扇子一般在夏季用来挥风取凉，因而在秋季就没有用了。这里诗人引用了汉成帝时的一个典故，相传班婕妤被宠妃赵飞燕迫害打进冷宫，写下了一首《怨歌行》："新裂齐纨素，皎洁如霜雪。裁为合欢扇，团团似明月。出入君怀袖，动摇微风发。常恐秋节至，凉飙夺炎热。弃捐箧笥中，恩情中道绝。"后来诗词中的团扇、秋扇便常与失宠被弃的女子联系在一起。

文人咏砚

在古人看来，对喜爱的砚台吟咏一番，记录下品砚藏砚的心得，或将诗词陈于纸上，或将这些吟咏刻在砚石上面，与时人一起分享这种乐趣是一件再畅快不过的事情了。

咏　砚

唐代　杨师道

圆池类璧水，轻翰染烟华。
将军欲定远，见弃不应赊。

这首诗描写的是隋唐时较为盛行的“壁雍”砚。

诗的第一句“圆池类璧水”是写“壁雍”中间面如圆月，四

清乾隆　松花石鱼藻图砚

砚面为松花石，浅黄色为面，其上刻三鱼、荷花、荷叶水藻等。砚色为褐紫色，墨池为眉月形，仅圆形的砚堂没有上蜡抛光。

清乾隆　松花石月下独钓图砚

松花石砚，形为方形，砚为黄绿色。砚面上作画为老翁在一只小舟上独钓的场景。赋铭文：『乾隆御铭』『几暇怡情』。

周有环形凹槽用于盛水。“轻翰染烟华”写笔在砚台上着墨后闪烁着耀眼光华的模样，既表现出“壁雍”砚研磨出的墨汁漂亮，又侧面表达了文人墨客在把玩“壁雍”砚的过程中碰撞出精彩的思想火花。

诗的后两句，诗人借弃笔从戎的故事为笔砚鸣不平。将军为了国家富强百姓安定，做出弃笔从戎的伟大壮举可以理解，但是怎么能就此真的将笔砚抛之脑后，弃之不顾呢？文安邦，武定国，用现在的话讲文化软实力不容小觑。

殷十一赠栗冈砚

唐代　李白

洒染中山毫，
光映吴门练。
天寒水不冻，
日用心不倦。

这首诗描写的是栗冈砚，又称栗玉砚，它是我国古代劳动人民纯手工工艺制作，是历代文人雅士收藏把玩的佳品。

诗中并未描绘出栗玉砚的外观形态，但是从诗人对它的盛赞来看，那时的制砚工艺已经有了超高的水平。所以栗玉砚才可以历寒不冰，不甚着墨，陪伴诗人日日挥洒翰墨，为我们留下众多不朽的作品。

惜砚中花

宋代　方回

花担移来锦绣丛，
小窗瓶水浸春风。
朝来不忍轻磨墨，
落砚香粘数点红。

诗中为我们呈现一幅古代文人书房中的雅致生活，不仅在桌上摆了好看的砚台，还在砚台旁边种上花，早上醒来准备磨墨练字著文章时，发现有几片花瓣飘落到砚台上，画面好看极了，让人舍不得惊动它，只好将动作放轻放缓，足见其怜惜之情。